なぜかサイフが開く！

市場《いちば》の魔法

野地かず枝

みらい PUBLISHING

はじめに　「売れるしくみ」は市場《いちば》にある

はじめまして、野地《のぢ》かず枝《え》と申します。

私は現在、父が創業した「海道物産（KAIDOU PRODUCTS TRADING株式会社）」の2代目社長を務めています。「海道物産」は、カニなどの魚介の他、塩辛やお出汁などの水産加工品の製造・販売をおこない、石川県金沢市を中心に全国7県16店舗を市場《いちば》に出店しています。

この会社は父が創業したものですが、私は後継者として経営の英才教育を受けていたわけではありません。私は小学生のころから、父とは縁の遠い生活をして大人になりました。父に振り回された半生でしたが、そのことは第3章でお話しします。

私が市場関連の仕事で長年の下積みを経験し、人の3倍働いて身についたのは「人間力」でした。市場の商売は「モノを売る」という接客だけで、仕事自体は特別な資格や学歴、スキルが必要なものではありません。しかし、接客する相手は十人十色、一人ひとり性格も好みも違うので、マニュアル通りの接客は通用しませんし、店員のコミュニケーション能力が試されます。

また、人の3倍働いてきたので当然、失敗も人の3倍経験しました。トライ&エラーで、失敗から数多くのことを学んできました。

経営者という視点で勉強をし直し、改めて市場のやり方を見てみると、市場には「売れる仕組み」がすべて揃っていることがわかりました。

本書はそういったことをお伝えする本です。

売れる仕組みとは、例えば「五感への刺激」です。

市場には、視覚、聴覚、嗅覚、味覚、触覚の「五感」すべてを刺激する要素があります。色つやのよい新鮮な商品、威勢のいい掛け声、おいしそうな匂いや試食サービス。そしてパック詰めではなく、むき出しの商品が並び、実際に手に取って品定めができます。これら「五感への刺激」が購買意欲をそそるのは言わずもがなです。

他にも市場には、購買意欲をかき立てる仕掛けがいくつも備わっています。例えば〝ここでしか買えない特別感〟が人とは違うモノを手に入れたい欲を満たす「ヴェブレン効果」、みんなが買っているから自分も買いたくなる「バンドワゴン効果」、〝買わないとなんだか落ち着かない〟という日本人の心理をついた試食販売の「返報性の法則」など、市場という場所には、販売マーケティングの教科書に出てくる戦略が多数網羅されているのです。

そこで、市場にある「消費者心理をくすぐる仕掛け」を利用し、〝サイフを開きたくなる空気〟を作り、お客さんも納得して喜んで商品を買ってくれる秘訣を、時代を切り開く戦友でもある皆さんに紹介したいと思います。併せて、市場の活気あるエピソードや舞台裏のあれこれもお楽しみください。

「市場の売れる仕組み」は、小売業、飲食業、サービス業など、実店舗でお客さんに商品・サービスを提供している方々、あらゆる業種に応用できます。

ぜひ、この「何が流行るかわからない状況」をチャンスに変え、売上アップを実現していただければ幸いです。

第1章　市場で流行っている店がやっていること

第2章　なぜ市場に行くと財布の紐が緩むのか？

第3章　突然降ってわいた「社長業」に就くまで

第4章 「売れる空気」を作るコミュニケーション術

第5章 「市場」の存在意義と可能性

第6章　市場に見るダイバーシティ

第7章　売り場作りが楽しくなる7つの裏技

第1章

市場で流行っている店が やっていること

市場の接客が熱い理由

流行っているお店には市場に通じる活気があって、その活気は店員さんが担っている――そう思います。それなら、「市場の活気」は〝どこ〟から生まれてくるのでしょうか？

これは市場にあるお店の業態を考えてみると見えてきます。

市場の場合はほとんどが家族経営や個人経営の個人商店です。大手企業のようにマーケティングやブランディングが計算されている店ではありません。

大手では、たくさんの専門部署がありますが、個人商店では、接客・販売はもちろんのこと、仕入れから会計、ブランディングやマーケティングも限られた人数で全部をやらなくてはいけません。

知名度のある大手は良くも悪くも看板だけで集客ができますが、個人商店はそういうわけにはいきません。個人商店としては自分が仕入れてきたものを自分の力で売らないといけなくなります。

売り子となるのも「自分」ですから、自分の言葉ひとつ、アクションひとつがすべて売上に直結してくることになります。まさに今、自分の振る舞いひとつでお客さんを買いたい気持ちにさせ、売上につなげられるかどうか。1分1秒が真剣勝負です。

そうなると「言葉」が変わります。単にセリフの文言が変わるのではなく、そのセリフに込められている想いや熱意、といったものが変わってくるのです。

そもそも市場で売られている商品自体も、誰から「売れ」と言われたものではなく、自分の目利きで仕入れたものですから、愛着や自信もあります。

「これを売りたい」「これは売れる」という想いがあるので、発する言葉にもエネルギーがあり、活気が生まれるのです。

ここで少し、あなたのお店を思い出してみてください。

あなたのお店には活気がありますか？　惰性で仕事をしてはいませんか？

「今日もお客さんが少なかった」「今月も赤字か……」と、「真剣」ではなく「深刻」になっていませんか？

マイナスオーラは、お客さんにも伝染します。深刻さから活気は生まれません。

「真剣勝負」で市場のような「活気」を作ってみませんか？

「モノ」ではなく「信頼関係」を売る

市場では売っている商品を自分の目利きで仕入れているので愛着と自信がある、という話をしましたが、実際に市場の人が売っているのは商品ではあっても「モノ」ではありません。

商売をしていると「モノを売る」という意識になりますが、私は「モノ」ではなく「信頼関係」を売っていると思っています。

例えば、不動産や車を買うときのことを頭に思い浮かべてみてください。

「このディベロッパーが建てたマンションなら安心だ」「この営業マンが勧める時計なら大丈夫だろう」「同じ車を買うなら、この営業マンから買いたい」というように、信頼関係に基づいて購入しているはずです。

少し私の話をすると、海道屋では「焼きのどぐろだし」「鰹ふりだし」「あごふりだし」と、3種類のオリジナルのお出汁を販売しています。味や品質、素材選びにも神経を使い、製造工程などにも絶対的な信頼を寄せられていて、値段も適正価格であるため多くのリピートしてくださるお客さんがいます。安心とおいしさ、お得さで、お客さんと信頼関係を結べていると感じます。

お客さんとの信頼関係だけでなく、商品の取引メーカーさんとの信頼関係も大切です。信頼のおけるメーカーさんの商品なら、自信を持って売れるからです。

創業当時より海道屋の看板商品として人気のある「塩辛」をはじめとするいか製品を作るメーカーさんは、時代とともに変化する世の中の味覚に敏感です。30年以上海道屋の塩辛が人気なのは、お客さんから求められる味に変化させてくれているからです。ですから私は絶大の信頼を寄せています。その他の取引先とも信頼関係の上で日々の取引をさせていただいています。

世の中にモノがあふれかえる中、お客さんはどうやって商品を選ぶのでしょうか？市場に来るお客さんは、魚ひとつ買うにしても「この魚がいいから買う」「この魚が悪いから買わない」といった目利きができるわけではありません。

結局は「この店員が勧めるから信頼できる」「この店で売っているなら間違いない」と、お客さんは購入しているわけです。ですから、売上をアップさせるためには、まずお客さんとの間に「信頼関係」や「安心感」を築き上げることが大切なのです。

お客さんに対して嘘をつかないこと

では、お客さんとの信頼関係を築き、商品に対する安心感を持ってもらうにはどうすればいいのでしょうか？

海道屋が一貫して社員に指導しているのは「お客さんに誠実に対応する」ということです。市場では対面販売をしているので、お客さんとの信頼関係を築くために日常的にさまざまなことに気を遣っています。

例えば、海道屋の店頭では水揚げされたカニを売っています。

基本は設定した定価で売りますが、中には値段を安くして店頭に出す場合もあります。そんなときには安くなる理由をお客さんにちゃんと説明しています。例えば「このカニは足が○本しかないので安くしています」といった具合です。

またカニの場合、食べようと思って殻を割ったら身がスカスカで、がっかりすることがあります。カニは脱皮を繰り返して成長するので、脱皮前後の場合は身がスカスカになってしまうものだからです。

ですが、お客さんは見た目ではカニの身入りがみっちりしているかスカスカなのかはわかりませんから、そんなときもこちらから目利きをしてお伝えしています。

他にも試食ができるものであれば、お客さんに試食をしてもらって味を確認してから購入をしてもらいます。味や値段、商品の状態なども、お客さんが納得するまで店員が説明をしています。それが、お客さんの信頼へとつながると考えているからです。

お客さんと信頼関係を築くために大事なことは売り手側が正直であること――つまり、お客さんに嘘をつかないことです。

商品の説明を大してせずに「おいしいよ～」「安いよ～」と売って、お客さんが家に帰って、いざ商品を食べようとしたときにがっかりしたり、騙されたという感情を持ってしまうことが、もっとも避けたいことです。

それならば逆に、最初から正直に「わけあり品です」と伝えていれば、「わけあり品と聞いて買ったけど思ったよりよかった」と、心証もよくなります。

流行る店は「お客さんの可能性」を引き出している

私は市場とスーパーには決定的な違いがあると思っています。

それは何か？　答えは「店員さんとのコミュニケーション」にあります。

そしてこのコミュニケーションには「お客さんの可能性」さえも引き出すことができる素晴らしさがあると思っています。


いきなり「お客さんの可能性」と言われて「何のこっちゃ？」と思ったかもしれませんね（笑）。

どういうことかと言うと、例えば魚はスーパーでも買えますが、市場の場合は切り身ではなく一尾魚、まるごと売っていることがほとんどです。

市場で一尾魚を買うときに、店員さんとの会話で食べ方や調理方法を話しているうちに、「自分でうろこを取ってみようかな」「自分で捌いてみようかな」なんて、お客さんが自ら〝挑戦してみよう〟となることも多いんです。

実際に海道屋では、生のカニを店頭に並べることもありますが、お客さんと話していると「じゃあ、自分で茹でてみるわ」とか「だったら生のカニを鍋料理にしてみようかな」と面白がって買ってくださる人も少なくありません。

ご夫婦でいらしたお客さんは、特に旦那さんの方が乗り気になって新しいことにチャレンジして腕を振るうケースも多いです。

実際、生のカニを茹でたお客さんは、次にいらしたときに「この間のカニは〜」と嬉しそうに報告をしてくれます。そんな小さな成功体験があると、再び市場での成功体験を求めて、さらなる購買意欲へとつながっていくんじゃないかなと思います。

他にも、魚を切り身にする場合でも「この料理に使うんだったら薄くした方がいい」とか、逆に「焼き料理にするなら、ぶ厚めの方が食べ応えがあっていい」などと、お客さんが思ってもいなかった・知らなかった知識や料理法を、対面でのやり取りの中で伝えることもできます。

掘ったばかりのタケノコの灰汁抜きを説明したり、その皮で梅干しを包んで吸っておやつにしたり、秋鮭のすじこをほぐしていくらの醤油漬けを作ったり、あん肝を自宅で挑戦したり……。市場だからこそ直接お客さんに話して伝えられる四季折々の提案が、たくさんあります。そうすることでお客さんの今夜の献立の可能性も広げているのです。

この点がスーパーとの違いです。そして、そういったお店はお客さんからすると楽しい場所ですし、何か新しい提案をしてもらえるお店になります。

流行っている店はそのようにして「お客さんの可能性」を広げているのです。

海道屋の「売り場は舞台！」

『売り場は舞台！　自分がいちばん映える姿で働く』

この言葉は、一代で年商13億円の企業に成長させた父が遺した数々の名言のひとつです。私にはもちろんのこと、よく社員にも言っていました。

父は「人の印象は一瞬で決まる。会話をしなくても10m先から視界に入った一瞬で印象は決まる。一瞬で好印象を与えるためには、常日頃から身だしなみを整えておけ」とうるさく言っていました。父は一時期ＣＡ（キャビン・アテンダント）のお客様に対する配慮や立ち居振る舞いが、気に入っていました。私はＣＡのピシっと制服を着こなし、キリっとまとめた清潔感ある髪形をまねるように言われ、まずは見た目からCAのまねごとをしていたほどです。

あなたは、デートのときにどんな格好をして行きますか？　やはりおしゃれに気合いを入れて、自分をいちばんきれいに、カッコよく見られるように考えて出かけるでしょう。

仕事の場もデートに行くのと同じ気分で、自分がいちばん輝くメイクや髪型にして、いつも店頭に立つべき――そう父は言っていました。

私が化粧をしないで会社に行こうものなら「今日は何なんだい？」とジロッと睨まれ、「寝坊して……」と答えると「今すぐ化粧してこい！」と怒られたものです。湿気の多い日には、癖のある私の髪はどうしてもボサボサになってしまうのですが、そんなときは「油でもつけてこい！」と叱られました。

髪の毛がボサボサに伸びてきた社員には「仕事に行く前に床屋に行ってこい！」と一万円札を渡し、「給料から引いておくからな」と言っていました。

ちなみに、海道屋の店員の正装はハッピです。

ハッピと前掛けをして、頭にはねじりハチマキを巻きます。男性がピシッとハッピを着こなし、髪型にも気合いが入っていると、50代、60代の店員もイケメンならぬイケオジに見えます。普段の5割増しで見えるようで、よくお客さんから「一緒に写真を撮ってもいいですか」と声をかけてもらっています。

女性もねじりハチマキで、お祭りみたいな粋な化粧をします。すると、まるで宝塚歌劇のように市場という劇場に映え、誰もがイキイキとしてキラキラと輝いて見えてきます。

観光という言葉は「光を観に行く」と書きます。

光とは、自然や歴史などのことだそうですが、私はここに「人」も入ると思っています。売り場を舞台と考え、自分がいちばん輝く装いをすることで、その輝きの光を求めて人が集まってくるからです。

これをビジネスに言い換えると「集客」ということになりますので、当然、売上増にもつながるのです。

制服は気分を切り替えるスイッチになる

父が制服にこだわっていたのには、もうひとつ理由があります。
それは「一流の販売員に見せたい」ためです。

やはり制服を着るとオフからオンに切り替わり、気持ちもキリッとするものです。特に父は昭和の人間だったので、制服を着ることでその職務がまっとうできると考えていました。

私も、警察官が警官の制服を着たり、看護師さんが白衣を着たりするのもひとつのスイッチだと思うんです。普段着から制服に着替えることでプライベートから仕事へとモードが切り替わり、果たすべき職務をまっとうしようという意識になると思います。

同じように市場でも「ハッピ」という制服を着ることで気持ちを入れ替え、さらに自分がいちばんきれいに見える髪型をし、化粧をすることでモチベーションも上がります。お客さんに販売のプロとして見てもらうためには、「ハッピ」という衣装は絶大な効果があるのです。

今でも海道屋ではイベント時にはハッピを着ていますが、普段から店員には「自分がいちばんかっこよく見える格好、かわいく見える服装で会社に来てね」と言っています。

まさにこれは誰もがイケメン、イケジョ、イケオジになる魔法の言葉です（笑）。

実際にうちの社員からは「いつもハチマキをしている人ですよね、と声をかけられる」「娘があなたみたいになりたい、と言っている」「ハチマキで覚えてくれるから、俺のトレードマークになっている」という声も挙がっています。

いつもハッピで店頭に立つ、勤続 30 年の社員。ちょっと着古した感じも、セクシーでは？

50代、60代、何歳になってもデートのドキドキ・ワクワク気分になれる店員は、お店という舞台で、女優や俳優のようにキラキラと魅力的に輝いてくれるのです。

「インスタ映え写真」の魔力

加賀百万石として栄えた城下町である金沢は、とても美意識の高い町です。食文化ひとつにしても、金沢の器の盛りつけセンスは、繊細な京都に負けず劣らず、すごくオリジナリティーがあって素敵です。

そんなバックグラウンドのある金沢の近江町市場では、新鮮な魚介を贅沢に盛りつけた豪華絢爛な「海鮮丼」が昔から有名です。特に人気のある海鮮丼屋は長蛇の列で、2時間、3時間待ちの店もあります。行列に並ぶ行為自体も、旅の楽しみになっているようです。

では、どうやって入る店を決めるのか?

おそらく「知らない土地で、知らない店で、知らないメニューで失敗したくない」と考えている人が多いでしょう。女性誌のグルメ特集で掲載された店は、いつでも満員御礼長蛇の列でした。つまり、いかに前情報で顧客に店の存在や店のメニューを周知させるかが大切なのです。

最近の人は雑誌やテレビよりも、Instagram や Twitter のハッシュタグ検索や、Google で「金沢　海鮮丼　お勧め」といったキーワード検索をするなど、ネットで情報収集を活用します。

これは小さな個人商店にとって、自分の店や商品をアピールする大きなチャンスです。なぜなら自分のお店が雑誌やテレビで紹介されるのはハードルが高いですが、SNSであれば誰でも今すぐ発信することができるからです。

海道屋では、いかの塩辛をメインに扱っていますが、赤く染まった「いか明太」、いか墨で真っ黒になった「いか黒造り」、ほのかにピンク色の「甘えび塩辛」といった商品を、桶にモリモリに盛っていました。

結構カラフルで「映《ば》え」るので、お客さんが写真に撮って、その場でSNSに上げてくれることもよくあります。そして、中には「SNSで見た！」と来店してくださるお客さんもいます。

初めて駿河の「日本海さかな街」店に来たお客さんに社員が言われた言葉ですが「初めてのさかな街なので、YouTubeで調べたら、海道屋さんの商品を試食している動画があって、おいしそうだったから絶対に海道屋には行こうと思って来ました。試食させてください」ということがあったそうです。

私が店頭にいたときは「おじさん、YouTubeでしゃべってた人や～」とお客さんが親近感を持って店員に話しているのを見たこともあります。Facebookや Instagramの投稿を見たお客さんから「○○さんいますか?」とか「店長さんいます?」とご指名を受けたこともあります。まさにSNSの効果です。

とは言え、どんなに店の看板やメニュー写真が「映え」ても、実際出てきたものと見た目や味のギャップが激しければ「がっかりした」「すごく残念」とマイナスの口コミが掲載され逆効果になってしまいます。SNSはプラスの効果も大きいですが、マイナス効果も同じくらい大きいので、羊頭狗肉にならないよう気をつける必要があります。

「壁のない会話」が心の距離を縮める

デパートやショッピングセンターに入っているような大手の店には接客マニュアルがあり、そのマニュアルから外れることはありません。

さらに、スーパーの会計も最近はセルフレジが増えて、お店に入ってもまったく店員さんと会話をせずに買い物をすることも珍しくありません。

そういったショッピングは気楽な反面、どこかさびしいものです。

しかし！　市場の店員さんは、絶妙にフランクな会話で心の距離を詰めていき、それが親しみを感じさせ、心地よい空気感を生むのです。

「ちょっと兄さん、見てって」

まるで昔からの顔見知りに声がけするようなセリフですが、これが市場の日常的なお客さんへの声がけです。「お兄さん、寄っていって〜」「お姉さん、ちょっと味見して行かん？」と、お客さんの足を止め、試食をしてもらうんです。

お客さんが試食中にも「お姉さん、きれいだね、どこから来たの？」「お兄さん、かっこいいね～」と、大手企業のフランチャイズ店や高級ブランド店では、今のご時世、大問題になりそうな会話が市場では飛び交っています。店員が会話にタメ語を混ぜて話すことで、お客さんとの距離感をグッと近くさせるのです。

市場では、男性客に対して「お兄さん」、女性客に対しては「お姉さん」と声をかけることがありますが、そんなとき、男性は「こんなおじさんに向かって、お兄さんなんて言うなよ～」と照れながらも嬉しそうに答えてくれます。おばちゃん年代のお客さんも「お姉さんだなんて～」と、まんざら悪い気分でもありません。

市場という非日常的な環境のせいなのかもしれませんが、お世辞とわかっていても、ベタな昭和の会話でも、意外とその方が喜んだりしてくれるんです。

また、お客さんによっては店員さんとの性別が違うと、とっつきにくい印象を持つ方もいます。

ですが、私の場合も、同世代か年上の男性客の方でも時折タメ語を交えて接客をすると反応がよかったり、逆に女性のお客さんの場合はトークのおもしろいイケオジが接客すると「おっちゃん、おもしろいから、買っちゃおうかな」となったりすることもあるんです。

そうかと思えば男性客と男性店員で、何の話かは詳しくは書きませんが、ここだけの話で妙に盛り上がっていたりします。

新鮮な視点と昭和感が安心感のポイントになる

市場の昭和スタイルの接客は、平成・令和の接客に比べて何が違うのでしょうか？

ひとつは「男女の会話」ではないかなと思います。

色気を抜きにして、男性と女性では視点が違うので、単純に会話が楽しいというのもあります。海道屋では、20年30年働いている店員もいますが、自分の顧客を持っている店員が多く、年齢関係なく男性店員には女性客、女性店員には男性客がつくことが多いです。

最近はこんなことを言ってしまうと何かと問題視されますが、やはり異性との会話は新鮮な刺激があり、単純に面白がってくれるお客さんもいます。

そして、もうひとつは「安心感」。

田舎に帰って親戚のおばちゃんや近所のおじさんに迎え入れられるような、ちょっとお節介だけど嫌じゃない、ほっと安堵を得られる雰囲気を作るのが、市場の店員は上手です。

海道屋の店員で60代の女性がいますが、言い方も優しいですし、近所の世話焼きおばちゃんが「これ、おいしいから食べていき」というようなノリで試食を勧め、「これを食べたら絶対に買わないといけないいんじゃないか」「売りつけられるんじゃないか」という圧は微塵もありません。むしろ、田舎に帰ったときに母親から言われたような感覚になります。

かしこまりすぎる接客は、ときにお客さんとの間に壁を作ってしまいます。ときには昭和スタイルの接客と、お客さんの本能に響くような活きのいい会話で、お客さんとの距離を縮めてみてはいかがですか？

みんなに挨拶しろ、という教え

入社当時から口うるさく言われていることのひとつに、挨拶があります。
「お客さんだけでなく、市場の前を歩く人みんなに声をかけなさい」
と言われました。

どんな相手でも自分から先に挨拶をすること。内勤で事務所勤務になったときは、郵便配達の方、商材配達する運送会社の方にも「ありがとう」「お疲れ様です」と元気に声をかけろ、と口うるさく言われてきました。

近江町市場は、地元の人の通勤・通学路にもなっていて、朝夕多くの人が市場の中を通り抜けていきます。以前は近所の人が日用品や夕飯の食材や総菜を買いに来るような地元の生活に密着した市場でした。
「通行人は全員、見込み客」。

ですから、誰にでも「おはようございます」「こんにちは」と挨拶をするように父に言われたのです。私は近江町市場の新参者だったので、顔を覚えてもらう意味合いもあったのだと思います。

最初は声をかけても、誰からも返事がもらえずさびしい気持ちにもなりました。通りすがりに「ダラ」「ダラブチ」と捨てゼリフを言われたこともありました。挨拶してくれているんだと笑顔で対応していましたが、後で調べてみると金沢弁でダラ・ダラブチとは「バカ」という意味でした。

やる気もなくして腐っていたころ、「うっす!」と元気に挨拶して通り過ぎていく人がいました。魚屋の後継ぎさんです。彼は体育会系のノリで、店の前を通る人をはじめ、私にまで挨拶してくれました。その様子を見て私は反省したものです。

毎日挨拶を続けていると、やがて「おはよう」と返してくれる日があったり、足早に去る中でもアイコンタクトをしてくれる人が増えてきて、仕事帰りや休日にお店に寄ってくれるようになったり、友人や家族を連れて買い物に来てくれる方が増えていきました。

父の接客「買うつもりのない人にこそ声をかけるべし」

市場には地元客でも観光客でも「商品を買うつもりがない人」がいっぱい歩いています。父は、そういう「買う気がない人」にこそ声をかけ、お客さんの存在を認めてあげることが大切だよ、と話していました。

例えば、ふたり組のお客さんが市場を歩いていたとします。そのうちのひとりのお客さんが興味を持って店頭で商品を覗きこみます。そこですかさず店員が声をかけて接客をしますが、もうひとりの「買うつもりがないお客さん」にも試食を勧めます。

さらに、その後ろにもふたり組のお客さんがいたりすれば、その人たちにも試食を渡し、店員が「お客さんがそこにいるのを、ちゃんとわかっていますよ」とサインをきちんと出すのです。

つまり、会話をするのは商品に興味を持っているひとりのお客さんだけなのですが、そのお客さんの周りや奥にいる人にも目で合図をしたり、試食を渡すなどのアクションを起こすというわけです。

これがポイントです。

もしも、ここで店員が色気を出して、後ろにいる人や周囲の人にまで声をかけたり、会話を広げようとすれば、せっかく買う気になって立ち止まったお客さんは、自分をないがしろにされている気分になり、買う気も失せてしまいます。

ですが、サインを出していると後ろの人は、会話はしていなくても「存在には気づいてもらっている」という感情が生まれます。

自分は無視されているわけではないという安心感やその場の温かい空気感で、直接接客をしていなくても、いつのまにか接客に巻き込まれているのです。

その後、最初に接客しているお客さん

試食の勧めかたにもタイミングが大事。

の会計が終わると、後ろにいる人は「ちょっと私もそれを食べてみたいわ」と話しかけてくれたり、いつのまにか「買う気」が生まれているんですよね。これぞ父が得意とする接客です。

お客さんには先入観を持たない

実は私は、最初のころはお客さんに先入観を持っていました。

例えば、ヒョウ柄の原色パンツに、バッチリつけまつげをした派手なメイク、金髪で派手なジャラジャラとしたアクセサリーをしている、〝ザ・大阪のおばちゃん〟のような人には、接客でも「ちょっと声をかけにくいなぁ」と勝手な苦手意識を持っていたのです。

それよりは黒髪で清楚な感じの人の方が身近で話しやすく感じ、最初は地味な感じの人ばかりに声をかけていました。

ただ、当たり前ですが、内気な人や物静かな人の多くは、あまり話が盛り上がらなかったりしました。逆に、私が話しかけづらいなと感じていた、腕にジャラジャラとアクセサリーをつけていたり、金髪やタトゥーのシールをしているようなお客さんの方がノリがよく、声がけに素早くレスポンスしてくれたり、冗談を言って笑いにしてくれるような返答してくれたり、会話が盛り上がったのです。

私とは逆のパターンもあります。

海道屋には、ノリのよい店員もいますが、私とは逆で、清楚な感じの人の方が話しかけづらいようでした。ですが、実際に声をかけてみると、実はそういう人は自分から「これを下さい」と言いづらい場合も多いとわかったので、どんどん声をかけるようにした、とのことでした。声をかけることで切り出しやすくなり、買い控えていたものが買えるようになって、結果的に売上が上がりました。

接客業をしていると、ついお客さんの見た目で「この人、怖そう」とか「話しかけづらそう」と思ってしまうことがあると思います。

しかし、そういった先入観で声をかけないお客さんがいるというのは、まさに見込み客を逃しているようなものです。

先入観を捨てて、どんな人でも声をかけること。
それが意外と大きな売上につながることもあるのです。

最強マーケターのおばちゃん店員を活用する

「世界最強の動物」と言ったら、何だと思いますか？
陸上ではアフリカゾウ、海洋生物ではシャチが1位にランキングされています（「みんなのランキング　もっとも強いと思う生き物は？」より）。

私は、市場における最強の生き物は「おばちゃん店員」だと思っています。私ももう「おばちゃん」という年に入っているかもしれませんが（笑）、海道屋のおばちゃん店員を見ていると、彼女たちの「人間力」は地球で最強ではないかと思うことがあるのです。

コミュニケーション能力が高く、変幻自在な会話や行動で相手の心を開かせていくおばちゃん店員のところには、ありとあらゆるお客さんの本音が集まります。

そして、おばちゃん店員はお客さんのちょっとした本音さえも聞き漏らさず、商品アイディアへとつなげていくことができる、最強のマーケターでもあるのです。

海道屋ではネット通販もおこなっていますが、そこでのナンバー・ワンの売れ筋商品が「珍味ちょっとづつセット」です。「ほたるいか姿漬」、「巻貝キムチ」、「いか黒造り」、「たこわさび」、「甘えび塩辛」、「柚子糀塩辛」など海道屋の人気商品10品を、ちょっとずつ詰め合わせたものです。

実は、このセットはおばちゃん店員がお客さんと話していて、雑談中にお客さんからボソッと「こんなにいらないんだよね」と言われたことを拾って提案してきたセットなのです。

箸休めやお酒の肴にぴったりの1袋50gの食べきり小鉢サイズにして、詰め合わせにしました。商品の組み合わせも、もちろん「この間のアレ、おいしかったよ」などというお客さんの「ボソッ」とした声を参考にしました。

商売人にとってお客さんの声は「金の卵」。

そんな金の卵を見つける能力が、特におばちゃん店員は秀でているんです。

おばちゃん店員のアイディアを積極的に採用しているため、海道屋では他の店員も常に「お客さんのわがままを叶えるにはどうしたらいいか？」を考えるようになりました。

おばちゃん力は苦情処理でも超一流の力になる

おばちゃん店員のスゴイところは、まだまだあります。

あるとき、海道屋がテナントとして入っている商業施設からクレーム対応の要請がありました。「直接お客さんに電話をして謝ってほしい」とのことで、60歳ぐらいのおばちゃん店員が対応することになりました。

間に入った商業施設の方の話だと「押し売りをされた」と怒り心頭で、かなりの暴言を吐かれていたようでした。

ところが！　おばちゃん店員が電話をして5分、10分と話を伺っているうちに、相手のお客さんは「いいよ、いいよ。そんな大ごとになる話じゃないし、ちょうどトイレに行きたかったところを呼び止められて、気分が悪かっただけで、それをわかってほしかっただけだから」と、暴言レベルと知らされていたクレームが電話口だけで穏便に一件落着したのです。

おばちゃん店員のお客さんに寄り添う気持ちは、本当に素晴らしいものがあります。

格闘技を見るとき、男性は勝っている側に自己投影をしてスカッとするそうですが、女性は負けている側に共感をする人が多いそうです。女性は人の痛みに共感したり、人のやるせない気持ちに寄り添うことが得意です。

結婚をして、子育てをして、介護をして、家族や親せきとの付き合いなど、さまざまな人生ステージで数多くの経験をし、いろんな苦労もしています。そのため、おばちゃんの言葉一つひとつには説得力が生まれ、お客さんもついつい本音をもらしてしまうのです。まるでブラックホールのように、情報がおばちゃん店員に吸い込まれていくのです。

そんな情報のブラックホールであるおばちゃん店員は「会社の宝」です。

もしもあなたのお店にもおばちゃん店員がいるとしたら、彼女たちが活躍できる仕組みを作ってみてはいかがですか？　きっと、新しいチャンスのアイディアを運んできてくれたり、ピンチをチャンスに変える働きっぷりを見せてくれると思いますよ！

強く印象に残る嬉しかった声

海道屋では、「かずちゃん通信」として、そのときの気分で思いつくままに書いている通信があります。社員のお給料明細書に同封したり、通信販売をご利用くださったお客さんに商品と一緒にお届けしています。

これは私の人となりを知ってもらいたくて始めたもので2015年から続けています。通信販売でご利用くださったお客さんが店頭に足を運んでくれて「かずちゃん通信を見ました。社長さん元気にしてますか?」なんて店舗の店員さんたちと共通の話題で盛り上がったりしている話を聞くと嬉しくなります。

そしてお客さんから直接お手紙をいただくこともあります。その中でも記憶に残るのは鹿児島にある知覧特攻平和会館を見学した感想を載せたときです。手紙には、若い方が知覧に足を運んでくれて嬉しいこと、今の平和な日常はこの時代に生きた人たちが夢見た世界だから悔いの無いように精一杯頑張ってください、とありました。本当にその通りだなと腑に落ち、一日一日を大事に生きようと考えさせられました。お手紙をくださったお客さんにはお返事を出させていただいて数回お手紙のやり取りをしました。とても嬉しいお手紙でした。

お客さんからいただいた手紙②

「私は海道屋のスタッフの皆さんに会いに行くと元気がもらえます。特にAさんは私の名前を覚えてくださって、お店に行くたびに笑顔で挨拶してくれます。商品を選びながら世間話や近況報告もしています。海道屋に行ってAさんと話すのが楽しみです。スタッフさん皆さん好きですが特にAさんのようなスタッフを育てていらっしゃる社長は素晴らしいです。これからも頑張ってください。」

こんな風にスタッフをほめていただけると日頃の疲れがなくなります。こちらの方こそお客さんに感謝しています。

お客さんからいただいた手紙③

新卒の新入社員への励ましのお手紙をいただくこともあります。たどたどしい電話応対や接客に対して、おほめの言葉はもちろんですが、こんな風にしたらもっといいかもですよ。と優しいお母さんの様にお手紙でアドバイスをくださるお客さんもいます。こんな素敵なアドバイスの仕方は、新入社員も素直に聞き入れられるようです。私たちはお客さんに支えられて育ててもらっていることを実感します。

お客さんからいただいた言葉①

出店している商業施設や道の駅で、定期的に開催される催事に出店したときのことです。常設の店舗ではないと、準備と後片づけが想像以上に大変なので、準備段階で疲れてしまいます。

そんな中、「今日も来たよ」と毎回必ず来てくださる常連さんがいました。開催期間は毎日のように顔を出してくれて、焼きいかや蒸し牡蠣を食べてくれます。そして「姉ちゃんの顔見るのがわしの楽しみやから、また次回も来てな」と言ってもらえたときは、準備期間の疲れも吹っ飛び、今度はもっとおいしく焼くからね、と次回の催事の開催期間も楽しみになります。

お客さんからいただいた言葉②

催事の主催者の方からも評判がよく、可愛がっていただけています。「海道屋さんの販売する商品もおいしいからお客さんも喜んでいるし、会場が明るくいい雰囲気に盛り上がりますね。次回もまたお願いしますね」そんなお言葉をいただくと本当に嬉しくて、打ち上げのときに皆で飲むビールが格別においしいです。

海道屋で催事はお祭りの位置づけですが、こんな風に主催者から評判がいいのは、父のおかげとも言えるでしょう。

催事に行くのが大好きな父でしたが、現場ではめちゃくちゃ厳しいのです。出店しているお店は海道屋だけではないので、隣近所への挨拶から終わった後の掃除などは、たとえ他の店のゴミでも片づけて両隣のお店の前の掃き掃除もします。ゴミ箱があふれ出ていると「持って帰るぞ」と自分たちが出したゴミはトラックに詰め込みます。

面倒くさいなと思いながら、父に言われた通りにしていましたが、今はいい経験だったと思えます。

グループ企業の社員とお取引先との恒例の新年会。会の最中は私たちはゆっくり座る間もないので、終了後につまみ食いしていると、父が。
「お疲れさん。今回も無事に終わったな」という無言の握手でねぎらってくれました。

真いか塩辛
小600円 大1,000円
新商品
塩辛
1,000円

第2章

なぜ市場に行くと財布の紐が緩むのか？

「活気と陳列」の圧倒的な魅力

圧倒的な市場の魅力は、「活気と陳列」だと私は思っています。

近江町市場では、朝、船が海から帰ってきて競りをして、そのまま魚屋さんが発泡スチロールに入った魚をトラックに積み、ドーンと店先に箱を降ろします。近くに海があって頻繁にトラックが出入りをし、市場の床にも氷がゴロゴロと転がっているような、いい意味での「せわしなさ」があり、それが「活気」となっています。

そして、陳列の仕方もダイナミックです。

海から上がったばかりの新鮮な魚や、畑から採れたばかりの野菜が、自然な形でドーンと陳列されています。

市場はまさに新鮮なものが「今」届き、お客さんの「目の前」で陳列された先からお客さんがどんどん買っていくという、表も裏もない活気と熱気であふれかえっているのです。

通常、モノを売るときは商品を装飾します。パッケージを派手にしたり、ネーミングを考えたり、照明に工夫をして鮮度をよく見せたりしていますよね。

でも！　市場は違います。市場で魚を扱うときは、下に氷を大量に敷き、その上に水揚げしたままの状態で並べます。中には1メートル近くある魚もそのまま並べるので、その迫力に圧倒されることもあるでしょう。

色とりどりの野菜も、まさに今、畑から採ってきたばかりの出で立ちでカゴに山盛りになって並んでいます。実際、包丁を入れると魚の鮮度は落ちてしまいますし、泥付きや根がついたままの野菜の方が長持ちをするので、できるだけ自然そのままの状態で売ることが多いのです。「素材で勝負」するのが、市場です。

一期一会の楽しさがある

他にも市場で買いたくなる要素として「一期一会」の魅力があります。

それは、9割がスーパーでも同じものを売っているとは言え、それでも市場でしか出回らないような規格外の魚や、珍しい魚などの〝掘り出し物〟が出てくるのです。

例えば、料亭やレストランに卸す予定の食材が、キャンセルになって市場の店頭に並ぶことがあります。高級食材が市場価格で買えるので、かなりお買い得だったりします。

魚だけではありません。海道屋の入る市場でも、地元の特産品を使ったリキュールやジャム、アイスクリームなど、個人のお店が作ったこだわりの加工品がたくさん販売されています。

そういった小さなお店の商品も、最近ではWEB販売などで買うこともできますが、市場であれば、その場で試飲や試食をさせてもらったりできます。さらには店員さんから商品のこだわりやうんちくなどを聞けるのも、私自身も楽しみのひとつになっています。

こだわり商品で言えば「秘密の場所にあるタケノコ」なんかもそうです。

タケノコは灰汁抜きが面倒な食べ物です。灰汁抜きが上手にできるかどうかでおいしさが決まります。ですが市場には、こだわりの「灰汁抜きをしなくてもいいタケノコ」が売られていたりします。店主のおじさんに聞いても「わしんとこの山は土が他とは違うからね」としか教えてくれないので、詳しい理由はわかりません。

商品だけでなく店員さんとも「一期一会」。そういった「場」の魅力が市場にはたくさん詰まっているのです。

かつての近江町市場では、なんと八百屋さんに魚が並んでいたこともありました。八百屋のお父さんの趣味が釣りで、休みの日に大量に釣れると次の日は店頭に魚も並べていたからです。この八百屋の魚が買えるかどうかは、まさにお父さんの腕次第だったのです。

そもそも八百屋の「八百《やお》」は「八百万《やおよろず》」の意味もあり「たくさん」を意味しています。ですから本来、八百屋が魚を売ることも、そうおかしなことではありません。

このような「何でもアリ」感も、市場で買いたくなる要素の大きなひとつです。

「ここでしか買えないもの」がある

日本海側の市場に行けば日本海側の魚、太平洋側の市場に行けば太平洋側の魚と、やはり「その土地ならではの魚介が、いちばん新鮮な状態で食べられる」のが市場の何よりの魅力です。

ときには幻の魚や、水揚げが少なくてスーパーなどには流通しない掘り出し物が出ることもあります。まさに「ここでしか買えない」ものが、お得な値段で食べられるのです。

金沢は新鮮な魚介が豊富ですが、私が仕事などで青森に行ったとき、必ず市場に寄って食べてしまうのがホタテです。当然、金沢でもホタテは売っているのですが、青森では同じホタテでも大きくていいものが食べられます。値段以上の価値があるので、ついついい手が出てしまう、というわけです。ものによってはその場で食べられるというのも市場の醍醐味で、新鮮でもっともおいしい瞬間を満喫できます。

過去に出会ったお客さんの中で、本当においしいものを知っているなと思ったお客さんがいます。関東の食通のお金持ちの方ですが、「金沢いいよね。すっごい好きな魚があるんですよ」とおっしゃるので、私が「カニとか甘えびとかおいしいですよね！」と返答すると「いや、ゲンゲですよ！　ゲンゲ食べに金沢へ行きたいな〜」という返事がありました。

ゲンゲとは「幻魚」とも書く水深200メートル以深に棲む深海魚です。ゼラチン質の淡白な魚で、庶民の食べ物としてたまに金沢のスーパーに並んでいます。

私はそれまで食べたことがなかったので、逆に教えてもらい食べました。

地元にしかない魚はたくさんあります。石川県には「ガスえび」があります。見た目は不細工なのですが、甘えびより甘くねっとりとした食感があり、とてもおいしいえびです。地元ではお味噌汁に入れたり唐揚げで食卓に上がりますが、鮮度が落ちるのが早いので県外には流通してないのです。個人的には甘えびよりおいしくて好きなガスえびです。

タイミングを逃すともう出会えない……市場には、そんな宝探し的なところがあり、宝を見つけると買わずにはいられなくなってしまうのです。私のサイフも緩みっぱなしです。

実演販売は五感を虜にする〝ライブ〟

私はお盆休みや大型連休の繁忙期になると、全国各地の海道屋の支店や商業施設にテナントとして出店している直営店に応援スタッフとして駆けつけます。そんなとき、観光客の目線で市場の魅力に気がつくことも、たくさんあります。

つい先日、とれとれ市場でつい買ってしまったものに「マスカット大福」があります。いちご大福のマスカット版なのですが、金沢でもマスカット大福が売られていますし、何度も買って食べたことがあるので目新しいものではありません。にもかかわらずマスカット大福を買ってしまったのは、そこで実演販売をしていたからなんです。

何人かの職人さんが、大福の皮をのばして餡とマスカットを入れ、次々と手際よく作っていました。あまりにも手際がよい熟練の職人の技に見惚れて、なおさら買いたいという気持ちが高まるんです。写真撮影や動画撮影もＯＫで、私も思わず動画撮影をしてしまいました（笑）。

「できたて」のおいしさは、今、ここでしか味わえないという心理が働くので、つい買ってしまうのです。実際、作りたてを一口食べてみると、皮もつきたてで、ほんのり温かくてやわらかく、マスカットのみずみずしい果汁が口の中で弾けます。

久しぶりに実演販売を見ていて、「やっぱり目の前で作っていると、こちらの五感を刺激し購買意欲が高まるなぁ」とつくづく感じ、気づいたら購入していました（笑）。

五感を刺激されて購買意欲が上がると言えば、いかや牡蠣を焼く海鮮焼きです。私たちは「催事」と呼ぶのですが、道の駅や出店先のテナントでお祭りなどがあると屋台を出店し、いか焼き、蒸し牡蠣、カニ汁などを販売します。

東京のお台場で北陸物産展を開催したとき、私が焼くいか焼きを1時間も並んで買ってくれるお客さんがたくさんいました。

炭火で焼くので火加減が難しく、手間がかかります。焼いても焼いても追いつかないという嬉しい悲鳴です。と同時にお客さんの視線が焼いている手元に集中するので、変な緊張感もあるし、粗相のないように焼かなくてはと力が入りました。

いか自体は珍しい魚ではありませんが、目の前でこんがりぷっくりと焼きあがるいかを見ているとシズル感もあり、甘辛いしょうゆの香りやいかの海鮮の焼けた香りも相まって、購買意欲が刺激されるのでしょうね。

マグロの実演販売に学ぶ「リポート・トーク」とは？

実演販売で私たちが商品を買ってしまうのは、まさに心理学で言う「リポート・トーク」の力です。リポート・トークとは「事実や情報を客観的に正確に伝えようとする話し方」のことです。

例えば、有名なものがマグロの解体ショーです。

市場などで実演販売されるマグロは1匹50〜60kg程度で、わずか10分ほどで見事に解体します。ダイナミックな職人仕事に初見では驚いてしまいますが、何度も見て慣れてくると、ただダイナミックだけではない、所作の美しさや、何よりも職人さんのリポート・トークに聞き入ってしまうようになります。

マグロは尻尾の断面に弾力があって身が締まっているものがよいという話だったり、頭の骨がいちばん硬い、といったミニ知識、マグロには良質な油であるDHAやEPAが含まれていること、ほほ肉は牛肉によく似た食感をしているなど、手際よくさばきながら「ここは、人間で言ったら筋肉の部分なんですよ」というように、見ている人にわかりやすく説明してくれたり、希少部位や脂ののりや食べ方などを教えてくれているのです。

もちろん、お客さんの心理からすれば、目の前で解体されるマグロを見て話を聞くうちに、このマグロを買って家で食べたら、どんなにおいしいだろうかと空想が広がります。すでに口の中はマグロをほおばっている気持ちになり、ついつい買わずにはいられなくなってしまいます。

デジタル広告が主流の世の中ですが、人と人が対面し五感を刺激する実演販売という広告は、何よりも購買意欲を誘うに違いないと思っています。

ちなみに私もマグロの解体ショーをしたことがあります。私が65kg程のマグロを解体して、父が説明するというマグロの解体ショーでした。

大勢のお客さんに囲まれて緊張しながら解体する私の耳に、へたくそな父の解説が聞こえてきて「もっと上手に話せんのかい！　ヘタクソ！」と思いながら解体ショーをしたことがあります。

ですが別日に、解体を他の人がして私は話をしながら盛り上げる、という役をしたことがあります。解体に合わせて説明し、場を盛り上げるということは思った以上に難しく、「会長（父）ごめん。あんたはすごいよ」と心の中で謝りました。

マグロの解体は、社長という役職がついたものの何をしていいかわからなかったときに習ったものです。父が金沢で起業する原点となる水産会社の三代目の社長が、快

これぞ、朝の3時から習った成果！　出刃包丁の切れ味がポイントだと思っています。

なかおちを取っているところ。なかおちは大人気で、
取り合いになります。

く教えてくれました。「女がするんか?」という声も耳にしながら、雪の降りしきる中（ちょうど冬だったので）毎朝3時から習いに行ったものです。

みんなが買うから買いたくなる「バンドワゴン効果」

市場に限らず、ショッピングセンターなどで人だかりがしていると「何をやっているのだろう」と覗いてしまいませんか? そして、みんなが争うように商品を手に取っていると、ついつい手に取ってカゴに入れてしまうこともあると思います。

その理由の第一は「こんなにみんなが買っているのなら、間違いないだろう」という思い込みです。食べ物であれば「みんながおいしいと思う味は、どんな味なんだろう?」といった興味。流行っている味がどんな味か、自分も同じようにおいしいと思うのか、自分の味覚を確かめたいという気持ちが働きます。

そして「みんなが知っているのに、もしかして知らないのは私だけ?」と不安になり、買わないと自分が損をした気分にもなります。

さらに「もし売り切れたら嫌だな」と思って慌ててカゴに入れてしまいます。

このように多くの人が集まっていたり、行列ができている店があると自分も欲しくなったり、乗り遅れたくない気持ちになる効果を「バンドワゴン効果」と言います。

父が実践していたバンドワゴン効果の売り方

今、改めて父の市場での接客スタイルを思い起こしてみると、まさにこのバンドワゴン効果を利用していました。

父は、とにかく店頭に人を集めるのが上手でした。当時、海道屋は市場に間口一間程度（約１８０cm）の店でしたが、常に黒山の人だかりでした。

例えば、最初にふたりで歩いているお客さんに、父は「ちょっと食べていかんかね～」と、足を止めさせます。

試食をしてもらいながら「どこから来たの？」と尋ねたり、おばちゃんに向かって「お姉さん、きれいだから声かけちゃったよ」といった昭和の会話をすると、おばちゃんも「また、そんな冗談を言って」と、キャッキャと盛り上がります。

するとお店の前を歩いている別の何組かのお客さんが「何を盛り上がっているんだろう」と、お店の方に寄って覗きます。すかさず父は呼び止めて、複数のグループで会話を盛り上げていきます。

すると次に通りがかった人も足を止め、次から次へと「何があるの？」と10人～15人くらいの人がワーッと集まり、いつの間にかお店全体が盛り上がっているようになるのです。

当時も今も、海道屋が売っているものはいか塩辛などの珍味と佃煮で、もちろん味には自信がありますが、季節商品というわけでもなく、掘り出し物の高級魚のように、今、ここでしか買えないという希少性があるものではありません。

しかしお客さんと会話をしながら……父の表現を使えば「遊びながら」試食をしてもらうと「あら、これおいしいわねぇ！」と、自然とお客さんからの声や反応も大きくなり、それを聞いた後ろにいるグループも「私もちょうだい」となり、周りの人も「何？」「何？」「私も！」「私も！」と試食の輪が広がります。

お客さんが少ないときでも、お客さんとの会話を楽しく続けているうちに、自然と周りにお客さんが集まってくるのです。

父がよく言っていたのは「とにかく騒げ、声をかけろ、声を出せ」でした。そこで私は父の見よう見まねで、とにかく多くの人に声をかけていました。

高くても「なじみの店」で買いたくなる理由

市場は、初めて行ったお店だとしても、店員さんのフレンドリーな接客で心の壁がなくなり、2回目に行ったときにはすでに常連のような気持ちになります。

これは「なじみ」というのは回数よりも心の距離だからです。仮に年1回だとしても「なじみの店の、いつもの店員さん」のように思えるのが、市場が持つ不思議な魅力のひとつなのです。

手前味噌ですが、嬉しいことに海道屋の店員は例外なく自分のファンを持っています。店員についているお客さんもいますし、海道屋のファンという方もいます。「お兄さん、今日も来たよ～」と声をかけてくれたり、近江町市場でも、年末年始やお盆に地元に帰ってきた県外在住のお客さんが「必ず、おばちゃんのところに顔を出すからね」と店に立ち寄ってくれます。

そして、店員の方も「おばちゃん、覚えておるけ（覚えていますよ）！」と答えるような会話が、あちこちで聞かれます。

市場では、たとえ初対面のお客さんであっても10年来のお客さんのように親しみのある接客をしているので、お客さんの方がちゃんと店員のことを覚えていてくれます。お客さんが「自分は、ここのおばちゃんと親しくしている」「私の好みをよくわかってくれている」と感じるとファン心理が生まれ、「少し高くてもここで買いたい」「お店を応援したい」という感情が芽生えてくるのです。

常連客のように接するメリット

お客さんにお得意さんになってもらうためには、単純に接触回数を増やすことがいちばんです。これは「ザイアンス効果」と言われるもので、興味がなかったものでも、何度も接触しているうちに親しみを持つようになる心理です。

市場ではこれといった目的のお店があるわけではなく、行ったり来たりしながら観光を楽しんでいるお客さんがたくさんいます。最初に店の前を通ったときは「いらっしゃい、いらっしゃい」という呼び込みの声がけしかしていなかったとしても、2回目に通ったときには「どう？　何かいいもの見つかった？」というように声をかけるんです。

そうやって2〜3回声をかけるうちに、お客さんの方も「ちょっと覗いていこう」という気になります。足を止めてくれたら、「来てくれるの、待ってたよ〜」「お帰り〜。味見したいよね〜」と店員さんが言うことで、初めての来店だったとしても、常連さんのような特別感が出ます。なんとなく顔なじみのような気がして、ついつい買って応援したい雰囲気になるのです。

心理をついた試食販売「返報性の法則」

年賀状やお中元・お歳暮、バレンタインデーとそのお返しのホワイトデーなど、日本にはさまざまな「贈答のイベント」があります。もちろん、それぞれのイベントの意味合いは異なりますが、例えば年賀状をもらったら「お返ししなきゃなぁ」という心理が自然に働くでしょう。

これを「返報性の法則（返報性の原理）」と言います。

この返報性の法則の応用と言えば「試食」です。

海道屋の店頭では、店員から「お客さん、どんどん食べていって」と声がかかり、ひとつ食べると「こっちも食べてみて」と別の試食を渡され、さらに「こっちはどう？」と、次から次へと試食が出てくる〝わんこ蕎麦状態〟です。もちろんお客さんからも「こっちが食べたい」「そっちも食べたい」と言えますし、「おかわりちょうだい」もアリです。

そもそも試食販売をするのは、お客さんに味を知ってもらいたいからです。

そして、海道屋の味を覚えて気に入ってくれた人は、その日に買わなかったとしても、ふとしたときに思い出し、1週間後、1カ月後、1年後に戻ってきてくれます。

なぜそれがわかるかと言うと、海道屋ではお客さんから「これちょうだい」と言われても「じゃあ、とりあえず食べてみて。この味でいいのか見てみて」と試食で味の確認をしてもらいます。

ところが、「大丈夫、さっき食べたから」とか「去年来たときに食べて味を知っているし試食しなくてもいいよ」と言ってくれるお客さんがたくさんいるからです。

自前のお酒や、自前のご飯を持ってくる強者も

これはコロナ禍になる前の話ですが、海道屋の店頭で試食をしたお客さんが、すごくノリのいい方で、「ここのお店やったら、試食でご飯茶碗1杯食べられちゃうね」と言ったのです。そこでノリがいい店員も「うちはご飯を試食で提供していないから、どこかでご飯を買ってくればいいよ～」と答えたんです。

すると、なんとそのお客さんは本当に、どこかでご飯を買ってきました！　そして、試食だけでご飯を食べてお腹をいっぱいにさせちゃいました。

さすがに、ご飯を買ってきてまで試食をするお客さんはごく稀ですが、缶ビール片手に市場を歩いての試食三昧は日常茶飯事です。むしろ、ビールを飲みながら試食をすることが市場の大きな楽しみのひとつになっているくらいです。

返報性の真の意味は「感動をありがとう」

ここまでお伝えしてきた返報性の法則ですが、試食をすると、お客さんは「タダで食べさせてもらったので買わないと悪い」という気持ちになります。

特に市場の場合は「試食なのにこんなに食べてしまっていいの⁉」という気持ちもあり、「こんなにおいしくいただいたんだから、買って帰ろうかな」となります。先ほど話したご飯を買ってきて試食でお腹いっぱいになったお客さんも、結果的に商品をたくさん買ってくれました。

ですが私は、返報性の法則の神髄は「タダで食べたから買わないといけない」という罪悪感からの購入ではないと思っています。実は「普段してくれない特別感やVIP待遇感、こんな体験をさせてくれてありがとう！」という感動に対するお返しをしたい気持ちこそが、真の意味ではないかなと思っています。

もちろん、お店側としては試食だけでなく買ってほしいという気持ちはありますが、それよりも何よりも「とにかくうちの味を食べてみてほしい！」「うちの味を気に入ってくれる人がひとりでも増えてほしい！」という気持ちで試食を勧めています。

「早い者勝ちの宝探し」効果

市場には、宝探し的要素もあります。

市場に行くと「いいものが欲しい」「珍しいものを探したい」というように、宝探しをしている気分になります。

しかも、市場は早い者勝ちの世界です。

その「宝」は、今ここにしかないものかもしれませんし、もしかしたら1分後にはもっとすごくいいものが仕入れられて運ばれて来るかもしれない、誰かに持っていかれるかもしれない、という切迫感も、財布の紐が緩む理由のひとつになっています。

デパートやショッピングセンターでは、並んでいるものは画一的なので、最後のひとつにならない限りは急ぐ必要はありませんが、市場では悩んでいるヒマはないのです。

私が売り手として店頭に立っていたころも、早い者勝ちの世界というのが暗黙の了解でした。マグロの解体ショーなどでも切ったそばから「この部位が欲しい人！」「ハイ」「ハイ」と手を挙げてもらって売っていきますので、ある意味、それが市場のお作法的なところがあります。

特にカニなどは、1匹3000円、5000円、1万円と高額になってくるのでお客さんも迷います。それぞれ値段の違うカニが10匹並んでいて、ご夫婦で「これにしようか」「あっちにしようか」とふたりで会話していたとしても、隣の人が「これください」と言えば売ってしまいます。

もちろん、ご夫婦のお客さんから「これと、これ、どっちにしようか悩んでいるんだけど」とあらかじめ声をかけられていれば、後から欲しいと言ったお客さんに「ちょっと待ってくださいね」となりますが。

市場は非日常空間

子どもも大人も夢中になるディズニーランドは、さまざまなアトラクションがあり、期間限定のポップコーンやスイーツ、限定商品のお土産などを買い、楽しい思い出が積み重なって増えるにつれて、お財布はどんどん軽くなっていきます（笑）。

他にもアミューズメント・パーク、温泉施設、スキー場、リゾート地のような非日常的な空間では、財布の紐が緩みがちです。

酒に酔うと金銭感覚が鈍って、どんどんと使ってしまうように、私たちは「非日常的な楽しさ」に酔っても、ついついお金を使ってしまうようです。


市場では、こっちでマグロの解体ショー、あっちで大福の実演販売、向こうでホタテや牡蠣の浜焼きというように、アトラクションがいっぱいあり、まさに食のアミューズメント・パークのようです。この時期でしか食べられない新鮮な食材も魅力だとお伝えしましたね。

さらに店員さんも個性的なスタッフさん揃いです。

市場は接客マニュアルがないので、一人ひとりの個性が生きて、主役を張るような店員さんから、名脇役のような個性の強い店員さんまでいます。

他にもバナナのたたき売りやガマの油売りのように伝統的な売り口上が上手な売り子さんもいますが、ユーモアあふれるセリフや、お笑い芸人のような話芸で販売する売り子さんもいます。まるで舞台を見ているような非日常感が味わえます。

ですから、まさにアミューズメント・パークにいるような気分になるのです。

「気持ちの紐」まで緩めてしまう市場

非日常的だからこそ開放感があり、財布の紐も緩みますが、それ以上に緩んでしまうのは「気持ちの紐」です。

例えば、缶ビールを飲みながら試食をしたり、串焼きを食べながら歩いたり、ちょっとお行儀が悪いようなことも、非日常である観光地ならではの楽しみ方です。昼どころか朝から堂々とお酒やビールを飲めるのも非日常気分のなせる技。日ごろ引き締めていた気持ちの紐もゆるゆると緩んでいきます。

値段交渉をするといったなかなか体験できないことができるのも、非日常的感をアップさせるスパイスになっています。

市場に来ると「こうでないといけない」「こうあるべき」というたがが外れ、気持ちは緩み、楽しいワクワクとした気分になって「買っちゃおうかな」「食べちゃおうかな」と、お金を使ってしまうのです。

ディズニーランドが夢の国と言われるように、市場もある意味「夢を叶える」空間だと私は思っています。朝から誰にも気兼ねせずビールを飲んで食べ歩きをするという、庶民的ではありますが、非日常の夢が叶います。

また、例えば市場内の飲食店などはメニューに載っていなくても「この料理が食べたい」と言うと、材料さえ揃っていれば作ってくれることもあります。私が飲食店を手伝っていたときは「カニのしゃぶしゃぶを食べたい」とお客さんに言われて、板さんと相談してお出ししたことがあります。

そんな、お客さんのちょっとしたワガママを聞いてくれる場所、窮屈な現実を離れ些細な夢が叶う場所が市場なのです。

市場では人間の狩猟・採集本能がくすぐられる

「日本人は農耕民族だ」と思われがちですが、農耕が一般化する前までの日本人＝縄文人たちはシカやイノシシ、ウサギなどの森に暮らす動物たちを獲物にする狩猟民族でした。つまり私たちのＤＮＡには狩猟本能が奥深くに眠っているわけです。

そして市場は、そんな私たちの狩猟のＤＮＡを刺激してくれます。

市場に並べられている商品は、まるごとの魚や泥付きの野菜など、自然そのもの、ありのままの姿がほとんどです。加工がされていない、まさに狩猟されたままの状態で雑多に置いてあります。それを見ると、どうやら私たちの脳は刺激されるようです。自分が魚を捕獲したり、山や畑から採集してきたかのような感覚になり、狩猟・採集の疑似体験ができるんです。さらに市場ではマグロの解体を始め、目の前で大きな魚を解体して売ったりします。これも野生の生物を解体し、自分の好きなように加工して食べた原始的な体験と通じるものがあると思います。

市場には社会の原風景がある

第5章で、日本で市場が生まれたのは飛鳥時代だとお伝えしています。

それくらい古くからあるものが市場ですし、そうでなくても、私たちが子どものころから商店街や卸売市場など、よく言えばノスタルジック、昭和感満載なところがあります。

それでも、どうしてこんなに市場は私たちを引きつけるのでしょうか?

私は台湾や韓国に旅行に行くと、必ず屋台や市場に行きたくなります。視察をするためではなく、普通に行きたくなるんです。なぜかと考えてみると、やはり市場は活気があり、現地で生活している人の本質が見えるからだと思います。

日本の昔ながらの市場を見ていると、完全にひとつのコミュニティになっていることがわかります。市場自体が「ひとつの街」で、みんながこの市場の中で生活をしています。

そこでは、赤の他人であっても家族のようなもの。だから、3章で詳しく書いていますが、私に毎日お弁当を届けてくれたり、受け取る私も「知らない人からお弁当をもらって気味が悪い」という感情も一切なく、ありがたくいただけていたのだと思います。

例えば、小さい子どもがよその店の商品を持ってきてしまっても「あんたの子ども、怒っておきや」と親に言うだけで、警察沙汰にすることはありません。

よく店番をしているおじいちゃんがウツラウツラと椅子で寝ていたりしますが、それでも店先の商品を黙って持っていかれることもありません。

古き良き時代の日本人の感覚というか、多少、商品や売上をくすねることがあっても、それは事情があってのこと。見て見ぬふりではないですが、市場の人の、お互いの信用と信頼で保たれているところがあるんです。

そのような自由度が高く、人情で成り立っているのが市場なのです。

市場には、何百年、何千年も前からの人々の営み、社会の原風景を感じられるのです。きっとそこには、私たちが古代から受け継いできたDNAを刺激する〝何か〟があるのだと思います。

わちゃわちゃと集まって飲み食いをする……。そんなホモサピエンスの原型である生活スタイルを偶然叶えてくれるのが、市場や横町のような場所なのだと私は考えています。

第3章

突然降ってわいた「社長業」に就くまで

小学生から始まった父親に振り回される人生

振り返ってみれば、私の人生は〝ある男〟に振り回されっぱなしの人生だったかもしれません。

その〝ある男〟とは、私の実の父親です。

私は福島県の田舎生まれの田舎育ち、農業を営む祖父母と両親、私、妹、弟の3世代で暮らしていました。

農業を継ぎたくなかった父は、事業を立ち上げては倒産を繰り返して借金を抱え、そのたびに祖父が山を売って借金返済をしていました。ですが、私が小学4年生のとき、ついに堪忍袋の緒が切れた祖父が「もう尻拭いはせん！」と一喝。次の朝、私が起きると父はいなくなっていました。

そうです。父は夜逃げをしたのです。

そこから母と私たち兄弟3人の貧乏生活が始まります。

姑問題があったためか、私たちは市営住宅に引っ越し、生活保護を受給しながら、母は仕事を掛け持ちし、私は家事を手伝い、オムツが取れたばかりの弟の世話をし、地元の中学、高校へと進学しました。

将来は看護師になりたいと進路相談したものの経済的な問題もあり、私はアルバイトで学費を稼ぎながら美容師見習いをすることになりました。

2年目にお金を貯めて美容師専門学校に入学しましたが、入学金と1学期の授業料で貯金はカラに。母や祖父母に2学期の授業料15万円を貸してくれるよう泣きついたのですが、考え方の違いで貸してくれず、退学を余儀なくされました。

倒産を繰り返して夜逃げした父の創業した会社の二代目社長をしている――それが今の私です。ドラマで言えば、途中で何話かスッ飛ばしたようなミッシングリンクだらけの展開に戸惑ったかもしれませんが、事実ではあるので、もう少し読み進めてみてください。

父と犬と〝正体不明のお手伝いさん〟

美容師専門学校の退学を余儀なくされてからの話をもう少し続けます。

夢も希望も打ち砕かれ、人生をあきらめて腐りかけていたころに、夜逃げして音信不通だった父から突然「金沢で仕事をしているので遊びに来ないか」と連絡がありました。

夜逃げしてから10年近くも経っての父からの連絡に、私は「金沢⁉」と驚きましたが、特に将来の展望もなかったので、とりあえず金沢まで足を運びました。

金沢へ行くと、父と、父の飼い犬と、父の身の回りの世話をしているという女性が出迎えてくれました。女性は父より5歳年上で、私は「お手伝いさんかな?」と思いました。ですが滞在中、その〝お手伝いさん〟は常に父と一緒に行動していました。

そのとき私が覚えた違和感は、程なく決定的な出来事で明かされることになります。ご想像の通りです。その女性はお手伝いさんではなく、父の「愛人」だったのです。

20歳そこそこの私には衝撃な事実でした。

10年ぶりに再会した父に愛人がいた――久しぶりの父との再会は結局、こんな記憶だけを私に植えつける結果になりました。

思えば母とは籍を抜いていないとは言え、10年も失踪していたのですから、その間にそういう女性ができても不思議ではありません。ですが当時20歳の私は「この事実は絶対、お母さんに知られてはいけない」とひとりで苦悩するようになりました。

出家して仏門に入り、還俗してホステスになる

そんな折り、友人から「知り合いのお寺に、一緒に遊びに行かない？」と誘いがあり、「お寺での生活が気晴らしになれば」と、しばらく友人と一緒にお寺に泊まることにしました。

お寺で掃除をしたり、行儀見習いをしたり、お経を読んだりしているうちに「家に帰ってお母さんと顔を合わせて悩むより、自分の気持ちが整理できるまで、このまま

お寺で修行をさせてもらおう」という気分になり、お寺に残ることにしました。

そして、住職の勧めもあって出家もしました。

散々だった娑婆での生活から出家して仏門に入り、これで私の生活も少しはお釈迦様が見るに堪えるまともなものになるかと思えば、そうではありませんでした。

出家して2年ほどたったころ、住職が病気で亡くなってしまったのです。

住職には4人の子どもがいましたが、お寺を引き継ぐ者が誰もいなかったため、廃業をするとのことでした。

急に行く当てのなくなった私でしたが、身内の方に代わって病院に泊まり込みで介護し最後まで住職の闘病生活を看取ったこともあって、住職の長女がそのお礼を込めて社会復帰の面倒を見てくれることになりました。

「しばらく私のところへおいでよ」と長女の部屋に居候をすることになり、しかも長女が経営していたスナックで働くことになったのです。

昨日まで僧侶だった私がホステスになったわけです。ちなみに、僧が僧籍を離れて俗人に還ること「還俗《げんぞく》」と言います。

ただ、ホステスとして働き始めてから間もなく「かず枝ちゃんは、この道に染まったらダメ」と言われ、長女の彼氏が経営している建築関係の事務所で昼間は電話番をすることになりました。

そんな居候生活を3年くらいして、ようやく自立するのに充分な資金もできたころ、消費者金融の会社に転職をしてひとり暮らしを始めました。

「父」からの突然の誘い

消費者金融の会社では、新人の私はティッシュ配りがメインの仕事でした。他の人のノルマ分も任され、来る日も来る日もティッシュ配り。スナックで配っていたお酒がティッシュに変わったくらいで「笑顔で何かを配る」という作業自体に変化はありませんでした。

1年ほど勤めましたが、そろそろ辞めて別の仕事を探そうとしていたところに、ちょうど父からまた電話がありました。今度は「北海道に行くから、一緒に旅行をしないか」と言ってきたのです。

実は金沢での一件後、父は母と正式に離婚をし、そのときの女性と結婚していました。

私も父が東京に出てきたときに食事をする程度の関係を続けていました。

電話を受けた当時の私は20代も後半に差しかかっていました。北海道は一度も行ったことがなかったので好奇心が先立ち、父と北海道旅行に行くことにしました。当時は北海道にも店舗があったので、父からしてみればお店を見て回るついでに私を呼んだようでした。小樽の店舗を見せて自慢したかったのだと思います。

北海道の新鮮でおいしい海鮮料理を食べながら、父から金沢での商売が大きくなって従業員が30人くらいに増えている話を聞きました。そして「身内の手を借りたい」と言うのです。

転職を考えていたのと、彼氏とも別れたばかりで、そろそろ環境を変えたいと思っていたので、父の家に住みながら、父の創業した「海道物産」でアルバイトをすることにしました。

たいやき屋で人の3倍働いて……

父は金沢の台所とも言われる「近江町市場《いちば》」で店を出していましたが、同時に市場内でラーメン屋も1軒出していて、店の前に間口一間くらいのたい焼き屋台を作ってくれたのです。

「俺たちはバカなんだから人の3倍働いてやっと一人前なんだ」というのが、初めての父の教えでした。

私は、来る日も来る日もたい焼きを焼くことになりました。ときにはテキ屋の同業のお兄さんから「姉ちゃんは、どこの人や。誰に断って商売しとるんや」と声をかけられることもありました。とりあえず「お父さんにやるように言われました」と笑ってやり過ごしたりしていました。完全に労働基準法を無視した働きっぷりで、1日の労働時間は10時間以上、年間休日は10日間くらいというありさまでした。

お正月も元日から「店を盛り上げてこい」と、ワゴン車にたい焼きの機械を積み、当時福井県の東尋坊に出店していた店まで、ラジオも壊れたボロい車を運転して出かけたこともありました。

あいにくの天気でみぞれが降る中、それでもワゴン車を運転して出かけて行き、寒いし機械は重いしで、つらい思いをしました。帰りに父へ売上報告を電話ですると、電話の向こうから会社の社員さんたちと新年会をしている騒ぎ声が聞えてきて、どうにも複雑でむなしい気持ちになりました。

市場のお婆ちゃんに認められた日

たい焼き屋台の向かい側には、老舗の和菓子屋さんがあり、いつもおばあちゃんが店番をしていました。そのおばあちゃんは店番をしている間、たい焼きを作る私の手元をジーッと見ていました。

そして、必ず1日1個たい焼きを買ってくれました。買うときもただ「1個ちょうだい」と言うだけで、他に言葉をかけてくれるわけではありませんでした。

10月ごろからたい焼きを焼き始め、シーズンが終わる3月ごろ、その和菓子屋さんのおばあちゃんが、たったひと言「まぁ、いいんじゃない」と言いました。

実はそれまで、向かいからずっと私の手元を、まるで飲食店の先輩が新人にするようにジーッと見つめる日々に、私はひしひしとプレッシャーを感じていました。

そんな無言のおばあちゃんが、言葉少なながらも声をかけてくれて、私は仕事ぶりを認めてくれたような気がして、すごく嬉しく感じたのを覚えています。

「頑張ってな」というような励ましの言葉や、味について叱咤激励することはありませんでしたが、「じっと見られる」ということで、私はおばあちゃんに育てられたと思っています。


和菓子屋のおばあちゃんは、毎日たい焼きを買ってくれましたが、他にも市場で働いている魚屋さんのおじさんが買ってくれたり、市場の新人である私を応援してくれていたと思います。

たい焼き屋台は、父が経営していたラーメン屋の前にあったのですが、ラーメン屋と言いながらも、朝は近所のおじいちゃんたちの散歩コースの憩いの場になっていて、お茶だけ飲んで帰る人もいました。

そんな中、ラーメン屋の常連さんだったひとりのおじいちゃんが、私がたい焼きを焼いている間は、毎日お弁当の差し入れをくれたのです。しかも松花堂弁当やちらし寿司など、小料理屋が作っているようなお弁当を毎日買ってきて「お姉ちゃん、ハイ」と渡してから、すーっとラーメン屋の中に入っていくのです。揚げたてのコロッケを10個くらい差し入れてくれたこともありました。

他にも、私が昼休憩から戻ってくると屋台に缶ジュースや缶コーヒーが置いてあることもあり、夕方通りがけに「姉ちゃん飲んだか？」というように声をかけてくれる方もいました。

それらは「頑張って続けろよ」という、市場の先輩たちからの私へのエールだったんだと思います。「海道屋の大将が娘を後継者にしようと連れてきた。だから自分たちが育ててやろう」という登竜門だったのかもしれません。

思いがけず二代目社長に

「人の3倍働け」という父の次なる教えは、「お父さんと呼ぶな。社長と呼べ」というものでした。プライベートで食事するときも「社長」と呼んでいたので、「姉さんは、社長さんの愛人なのかい？」とパートのおばちゃんに聞かれることもしばしばありましたし、市場の人たちは愛人と思っていたかもしれません。

その後、事務所での内勤に移動になりましたが、日曜日になるとだいたい父から「ちょっと遊びに行こう」と電話があります。私がドライバーになり、車で県外のお店に行って、結局仕事を手伝うのが恒例となっていました。

帰り道、不機嫌にしている私に「おい、ちょっと食うか」と、まるで小学生の娘をあやすようにソフトクリームを買ってくれたものです。

その後、２０１２年に父が会長職となり、私が代表取締役社長に就任することになりました。そもそも、父が創業した会社は7歳下の弟（私の半年後にやはり父に呼ばれて入社していました）が継ぐ予定でしたが、弟は語学留学したい夢があったので夢をかなえる道を選びました。

私が社長就任後も、父が会長として現役だったので、私は会長のサポート的な立場で仕事をしていました。

ところが、そこに急な展開が訪れます。

2018年のある月曜日、夕方にふらっと現れた父から「明後日から入院して手術するから頼むな」と言われました。

父はがんを発病していました。主治医からは余命宣告をされたそうでしたが、本人はその診断が不満だったらしく手術を希望したのです。

水曜日に緊急入院、木曜日に緊急手術。手術は無事に終わりましたが、金曜日に急変し、土曜日に父は亡くなってしまったのです。

月曜に告知を受けてその週の土曜には亡くなってしまった父――まさに怒濤の1週間でした。あまりにも突然のことでした。

もしも、ここで会社の業績が悪化でもしたら、社員が路頭に迷い、取引先相手にも迷惑をかけることになります。幸い、それはなかったのですが、すぐにコロナ禍になり今まで通りの営業ができなくなりました。

夜逃げして音信不通だった父からの突然の電話を受けてからというもの、金沢での愛人発覚、北海道旅行の同行、金沢への引っ越し、たい焼き屋で人の3倍働いたこと、弟に代わっての社長就任、そして会長職として実権を握っていた父の突然の死……振り返ってみれば、私の人生は父親に振り回されっぱなしだったと思います。

結局父は、会社とスタッフたちという遺産を私に遺しました。

父が亡くなってからは大変な思いをしましたが、それでも「父の創業した会社を倒産させられない」と、なんとかコロナ不況という苦境を乗り越え、業績も回復してくるまでになったのです。

中小企業と言えば聞こえはいいですが、ほとんどの中小企業は家業なのではないかと思います。自動的に継いだとは言え、家業を継ぐ後継ぎさんは、家業の職種が好きか、父親が大好きで尊敬しているのだと思います。長男長女だからという責任感だけでは後継ぎはできないと思っています。皆さんは、いかがでしょうか。

少なくとも今の私は、父が大好きで尊敬しています。だから父が人生をかけて築き上げたものを残していきたいと思います。

でも気がつかないのですよね。父親が健在のときはお父さんのことが大好きで、尊敬しているということに、気がつかないものなのです。それもまた、仕方のないことだったのかもしれません。

第4章

「売れる空気」を作るコミュニケーション術

「それ素敵ですね！」まずはお客さんをほめること

私が市場で働いていて、実際に経営をしていて思うのは、市場には基本的に「売れる空気」というものが充満している、ということです。

ここまでにお伝えした「活気」や「売り方」以外にも、売れる空気を醸成するものがあります。それが「市場のコミュニケーション術」です。

と言っても、やり方自体はそれほど特別なものではありません。

ただ、市場特有の〝独特さ〟はあると思います。

例えば、コミュニケーション術のひとつとして「ほめる」があります。

今のビジネスの世界での人材育成では、これまでのように人を叱って伸ばす方法からほめて伸ばす方法へとシフトしています。ですから「ほめること」自体はそれほど特殊なことではないかもしれません。

ですが市場では「ほめる」ことが重要な接客スキルのひとつでもあるのです。

私がこれを知ったのは、最初に市場でたい焼きやたこ焼きの実演販売をした後、しばらくして珍味を販売するようになったときのことです。売れるコツとして、父から「まず、お客さんをほめなさい」と言われました。

でも「ほめなさい」と言われても、何をどうやってほめていいのかわかりませんでした。そこでさらに父に聞いてみると「女性ならメイク、鞄、アクセサリー、ネイル、髪型……何でもいいからほめなさい」とのことでした。

ほめポイントを外して見事に地雷を踏んだ

父のアドバイスどおりにお客さんをほめるようにしたのですが、最初のうちはうまくいきませんでした。なぜかお客さんに嫌な顔をされることが、かなりの確率で発生したんです。

「今日のメイク、素敵ですね」と言っても眉間にシワを寄せて「えっ?」みたいな顔をされたり、という感じです。

それでも最初のころはお客さんが何をほめてほしいかの予想がまったくつかないの

で、手当たり次第に「今日のバック素敵ですね」「指輪、素敵ですね」とめげずにほめていました。

ですが、うまくいきません。

繰り返しているうちにわかりましたが、実はお客さん自身がいいと思っていないのにほめても、お世辞と思われたり、逆に「えっ？　この人何言っているの？」と、不信感を持たれてしまっていたわけです。

ときには調子に乗ってお客さんの地雷を踏んでしまい「何言っとんねん！」と言いたげな思いきり嫌な顔をされて、フンッとそっぽを向いて帰られてしまったこともありました。

会話からほめポイントを探る方法

ただ、そうやって何度もほめるポイントを外して失敗を繰り返していくうちに、私自身のメンタルが強くなっていくのと同時に、だんだんとお客さんがほめてほしい部分を探れるようになっていきました。

お客さんがほめてほしいと思っているところは、会話の中にヒントが隠されていることがよくあります。または視線です。ネイルが気に入っている女性などは会話の途中でも自然とネイルに視線を向けたりするので、「あ、ここがほめポイントだ」とわかります。

そのようして「このお客さんは髪型が気に入っているんだな」「バッグが気に入っているんだな」「この靴がお気に入りなんだな」と次々とほめポイントを探して「そのバッグ、素敵ですね」とほめると予想的中確率も高くなります。

「そうなのよ、わかる？」とお客さんが喜んで「このバッグは〇〇に行ったときに買ってね」とか「息子がプレゼントしてくれてね」と、話に乗ってくれるようになるんです。

そこでさらに「センスがいいですね」と、すかさず「追いほめ」をします。

男性の場合は時計を気に入っている方が多く、「素敵な時計ですね」と言うと「そうなんだよ」と喜んでくれます。

ほめられてお客さんの気分がよくなってくると、お客さんの方から「この商品、味見してみたいわ」とか「この商品はどうなの？」と聞いてくれるようになるのです。

そこですかざす試食を勧めます。

中・上級編は行動や考え方をほめる

さらに、ほめ方の中級・上級編もお伝えしましょう。

ほめ上手の初級編が、相手の持ち物をほめることだとしたら、中級編はお客さんではなく、そのお連れさんをほめることです。男性なら「お連れさん素敵ですね」「彼女さんきれいですね」といった具合です。

カップルの場合、彼女が「これおいしい」と言うと、男の子が財布を開いてくれることがあります。彼女に「彼氏さん優しいね、買ってくれて」と言うと、彼女も「えへっ」みたいになり、彼氏の方が「もう1個、買ってあげようか」となったりします。

コロナ禍のころ、20万円くらいのカニを買いに来たお客さんがいました。店員は当然「お兄さん、金持ちやな」と声をかけます（このラフさ加減が市場の魅力です）。するとそのお客さんは、毎年、年末年始はハワイに行っていたけど、コロナで行けないので代わりに国内でお金を使って食を贅沢にしようと思った。それでカニをたくさん買いに来た、と言うのです。

そこで店員は「お客さんの、そういう考え方って素敵ですよね。国内で消費すれば経済も回るし、いいですね」とほめると「そうやろ、いいことしているやろ」となって、お客さんも気分よく帰って行きました。

まさに考え方をほめて、いいコミュニケーションができた好例だと思います。

このように相手の持ち物をほめたり、行動や考え方をほめることは、相手の承認欲求を満たすことにつながります。

リアルタイムでこれをおこなうことで、売り場の空気がものすごく和やかになるんです。

お客さんも嬉しい気持ちになって上機嫌で帰って行きますし、大体そういうお客さんは、かなりの確率でリピーターになってくれます。「ねえさん、帰りにもう1回寄るわ」と顔を出してくれたり「来年も、また来るわ」と、お店のファンになってくれるのです。

なぜ市場では「お客様」と呼ばないのか？

海道屋は時々、物産展などのデパートの催事に出店をすることがあります。

そんなとき「やっぱり市場とは違うなぁ」と思わされることがあります。

それが「接客用語」です。

デパートなどでは、ていねいな接客用語がマニュアル化されています。売っている商品の単価が上がるほど、ていねいになっていく傾向があると思います。


でも市場では、こういった接客用語は使いません。

私は本書で「お客様」のことを「お客さん」と書き続けていますが、これも市場の接客用語に倣っているからです。

例えば、市場では一般の接客用語は次のページのように変わります。

・**お客様**＝お客さん。兄さん・姉さん。お兄さん・お姉さん。
　　旦那さん・奥さん。お父さん・お母さん。お嬢さん。
・**いらっしゃいませ**＝こんにち〜。見てって〜。寄っていって〜。
・**こちらいかがでしょうか？**＝これどうや〜？
　　今日これ、いいよ〜。
・**かしこまりました**＝あいよ〜。わかったよ〜。
・**承知いたしました**＝オッケー。
・**少々お待ち下さいませ**＝ちょっと待っといてね〜。
・**またぜひお越しくださいませ**＝また来てね〜。
　　また待っているね〜。

各個人が自由に自分の言葉で話していて、私は「ぜひお買い求めください」という意味で「この商品、おうちに連れてって」と言ったりもします。

デパートの催事に出店すると「お客様と呼んで下さい」と一般の接客用語を使うように指導されます。そうすると普段使わない接客用語でみんなテンションを崩してしまって、声が出せなくなったり、売れなくなってしまうんです。

方言を交ぜることで温かみが出る

お客さんを「お客様」と呼ばない以外にも、市場には独特なコミュニケーション方法があります。

それは「方言を隠さない」というやり方です。

私は福島出身ですが10代の後半から10年くらい埼玉に住んでいたことがあり、そのころに福島訛りを直して、普段はできるだけ標準語を使うようにしていました。ところが金沢に来て、父に「気取った言葉で話すな。地元の言葉で話せ」と叱られ、福島訛りが残る標準語に石川弁がミックスされて、今ではどこの出身かわからないイントネーションになってしまっています(笑)。

でも、市場ではそういう「訛り」が味になるんです。

一般的には接客に方言を使うことはマナー違反とされることが多いです。方言は「同じ言葉を使う仲間かよそ者か」を判断するフィルターでもあるからです。

でも! だからこそあえて方言を使って、お客さんを「内輪」として扱い親しみを感じてもらい、心を開き、ついでに財布の紐も開いてもらうのが市場式です。

特に近江町市場の場合は、東京都近郊や大阪、九州などから観光でいらっしゃる方も多いので、店員が方言で話すことで、その土地の雰囲気を味わってもらい、旅行気分が高まるという効果もあるんです。

例えば「かわいいね」は「かわいいじぃ」「ありがとう」は「あんやと」、「来てね」は「きまっし」、「いいね」は「いいじー」と訛るのですが、「お姉さん、かわいいですね」だと、お世辞感というかよそよそしさが出てしまいます。でも「姉さん、かわいいじぃ」と言われると、親しみが出ると思いませんか？

ていねいで相手を尊重した言葉づかいであれば、私は方言であろうと訛っていようと問題ないと思っています。方言を上手に取り入れて温かい雰囲気を作る市場のコミュニケーション術を取り入れてみることをお勧めします。

「圧」を感じさせないやり方

これまで市場には活気があり、それが売れる空気につながっているという意味合いのことをお伝えしましたが、さらに市場には特有の「威圧感のなさ」というものがあります。

実際に売れている店を見てみると、活気があるけれど威圧感がありません。

「店に入ったら、絶対買わないと帰さない」「買うつもりがないなら試食をするな」

みたいな圧力が一切ないのです。市場は活気があるけど「圧」がなく、店員さんも気さくなのです。

アドレナリンを出し過ぎない

では、どうすれば「圧」を消すことができるのでしょうか？

それは「絶対に売る」「この人の気持ちを動かす」「交渉に勝つ！」のように強く思わないことです。

私が繁忙期にヘルプで店頭に立ったときのことを思い返してみても「ここは社長の腕を見せるためにも売上を上げないと」と息巻いてしまうと、接客も上滑りしてなかなか売上に結びつかないのです。反対に「普段、お店にいるわけでもないし、私についている常連さんもいないから売れなくてもしょうがないよなー」という軽い気持ちで気楽に立って接客すると、意外とお客さんと楽しいコミュニケーションが取れたりします。

思いが強すぎて交感神経が興奮すると、アドレナリンが分泌されて、脳と身体が戦闘モードに切り替わってしまいます。興味深いことに、口に出さなくても思っているだけで非言語のエネルギーがオーラとなって出てしまいます。大事なのは「〜ねばならない」という感情の高まりによってアドレナリンを出し過ぎないように抑えることです。

お店は商品とお金の交換、価値と価値の交換の場なのですから、売れる空気＝圧がない空気を作るためには、お店側は「狩りに行って獲って食おう」みたいな戦闘モードを醸し出さないようにしましょう！

断りやすい雰囲気を出す

圧を出さないということにプラスして大切なのは「相手が断りやすい雰囲気」を作ることです。言葉がけはもちろんのこと、態度も前のめり感を出さずに、力を抜くことが大切です。

市場に来ている人は、「これを買おう」と目的がある人もいますが、ほとんどは「何かいいものないかな」くらいのテンションで、宝探し気分でウロウロします。

そういう人には、同じような気楽なテンションで呼び止めて味見をしてもらい、「もし、この味が気に入ったら、帰りにでもいいから寄っていって」という感じで、お客さんが断りやすい雰囲気を出します。

すると、お客さんも「じゃあ、ちょっと1周、回ってくるわ」と気軽な感じになります。

とにかく、お客さんが「押し売りされている」「無理矢理買わされている」と感じないようにすることがいちばんなのです。

自社商品に自信があれば圧を出さずにすむ

手前味噌にはなりますが、海道屋で売っている塩辛や出汁、青のりなどは、海道屋の専売特許ではありません。どこにでも売っているものです。

ですが、味には絶対の自信があります！

例えば、海道屋の青のりの佃煮は、高級品種である三重県産のヒトエグサを100％使っています。世の中に「青のり」商品はいくらでもありますが、海道屋の青のりは素材本来の味や風味がそのままなのです。

10年以上前になりますが、読売テレビ系の『ダウンタウンDX』で、故・梅宮辰夫さんが「スターのオススメ」として紹介してくださったこともあります。なので、うちの味を一度覚えてもらったら、絶対にまたこの味に戻ってきてくれる自信があります。

自信があれば、無理に売ろうと圧を出さないですみます。

そして、戻ってきてくれた人には「お帰りなさい」と声をかけると、もうお客さんが何か買おうというスタンスになっています。商品に自信があれば、圧をかけたり、アピールをしなくても、お客さんは必ず戻ってくるのです。

売れる空気を作る、私の「3S接客」

お客さんに気持ちよく商品を買ってもらうために、ここで私が実践している3つの「S」を使った接客についてご紹介したいと思います。

これを私は「市場の3S接客」と呼んでいます。

Sはそれぞれ、「せかさない」「説得しない」「ストーリーを伝える」の意味があります。

【せかさない】

「今、買わないとなくなっちゃうよ」とか「早く決めてくださいよ」と、お客さんをせかすことをしない、という意味です。

例えばカニのような高額商品は、お客さんが「ちょっと1周回って考えるわ」と言うと、「1周してたら、他のお客さんが買っちゃうかもよ?」のように焦らせないことです。

本当にその間に売れてしまうこともあるのですが、あえて不安をあおって脅迫するようなマーケティングはしないようにしています。

【説得しない】

「ここで決めちゃいましょうよ」とか「買いましょうよ」と、お客さんの気持ちを無視して、購入を押しつけないことです。それで買ってもらえたら、一時的な売上にはなるかもしれませんが、お客さんからすると納得感のない買い物になってしまうので、クレームになりやすかったり、リピートしてもらえなかったりするのです。

【ストーリーを伝える】

最後の「ストーリーを伝える」ですが、実はこれがいちばん大切なことなんじゃないかと私は思っています。

「この青のりは、うちの先代の会長が、自分が納得のいく味を出したくて、何回も試作を繰り返してやっと完成した商品なんです。創業当時はボロいワゴン車で業者さんのところへ何回も何回も足を運んでいたそうです」と、開発秘話や生産者の思いを伝えるわけです。

特にカニのような高額商品のときには、このストーリーを伝える接客は効果的です。海道屋のおばちゃん店員はよく「船は底板1枚、鉄板1枚で自分の命を危険にさらしてるんだから」とか「今日も、海が荒れていたけど、頑張って漁してきたよ」と話したりしています。

カニもウニもサザエやアワビも、実際に底板1枚に命を預けて今日も漁師さんが獲ってきてくれた、海女さんが命懸けで潜って獲ってきてくれた――という命がけのストーリーを店員が真剣にお客さんに伝えると、お客さんは単純に「モノを買う」ということだけではなく、そのストーリーに感動してお金を払ってくれます。

命に払う値段として1万円は決して高い値段ではないと感じるのかもしれません。

そこまででなくても「そうなんや」と驚いてくれたり、意外と漁の様子を聞きたがってくれたりします。弊社には「いか明太」という、通常の塩辛よりも辛い塩辛がありますが、これは先代の会長がメーカーさんに「クワァ〜！　っていうような辛いものが欲しい」というオーダーからでき上がった商品です。そんな話も喜ばれています。

「ありがとう」にプラスαを添えるのがポイント

「ありがとう」という言葉は「有り難し」が変化したもので「めったになく貴重である」といった意味があるそうです。商品を購入してもらったお客さんに「ありがとう」というのは接客の際のコミュニケーションとしては当然です。でも私は父から「海道屋の袋を持っている人、全員にありがとうと言え」と教わりました。

例えば、海道屋で買い物をしたお客さんを「ありがとうございました」と見送った

30分後や1時間後に、また海道屋の袋を持った人が店の前を通ったら「さっきは、ありがとうね」と言うのです。

近江町には4か所店を持っていますが、私は、他の支店で買った客さんでも、袋を持っている人にはお礼を言うようにしています。

お客さんは一瞬「えっ？」とびっくりされますが、こちらがお礼を言うと、喜んでくれます。

市場を手伝い始めたばかりのころは、知らない人に話しかけることだけでもドキドキするのに、自分が売ったお客さんでもないのに「ありがとう」と声をかけるのは、めちゃくちゃ勇気がいりました。

それでも店に立つときは「私は、こういうことができる女優」と思ってスイッチを入れて頑張っていました。

この「さっきは、ありがとうね」が習慣になると、声をかけられたお客さんは、例えば2～3日金沢にいる場合は、「おととい来たけど、今日帰るし、また寄ってみたよ」と寄ってくれたり、同じグループの人や仲間を連れてきて「ここの珍味、おいしいよ」と、商品をお勧めしてくれるようになったのです！

また、父からは「買ってくれたお客さんには『ありがとう』だけではなくプラスαのひと言を添えろ」とも教えられました。「この商品を食べて、楽しい時間を過ごしてね」とか「お酒がおいしく飲めますように」「みんなでおいしいご飯を食べてね」と、お客さんが実際にこの商品を食べているシーンが頭に浮かび、そのときの楽しいイメージを想像してもらえるような言葉をかけるのです。

するとと、商品にもプラスαの印象がついて「また、あの商品を食べて、幸せな時間を過ごしたい」となるんです。

おいしい商品を食べてもらいたいのはもちろんですが、そのおいしさを、家族や友人で共有する幸せな時間こそ、海道

幸せな時間を持って帰ってね！

屋がお客さんに提供したいものなのです。

お客さんのタイプに合わせて接客方法を変える

市場には、いろんなタイプのお客さんがいらっしゃいます。そこで、画一的な接客マニュアルがない市場では、接客の仕方もお客さんに合わせて変えているのです。

ここでその例をいくつかお伝えしましょう。


【例1：ノリのよいお客さん】

勢いや笑いを大切にし、スピード感で乗り切ります。

「お兄ちゃん、酒、飲みそうやなぁ」

「僕、酒、飲みますよ」

「お酒、何飲むんや」

「焼酎っす」

「お兄ちゃん、焼酎にはこれが合うんだよ。これ絶対焼酎に合うから味見してき」

「へぇ。うまいっすね。じゃあ、ひとつください」
こんな感じで、あっという間に商品が売れていきます。

【例2：考え込むタイプのお客さん】

商品を見て考え込んだり、試食をして「うーん」と黙っているお客さんには「何を考えているかな？」と、まずは想像します。

賞味期限のことや、持ち帰るときに常温で大丈夫なのか、持ち帰った後の食べ方やレシピなど、気にしている部分はいろいろです。

そこで、こちらから「この商品は、常温で3カ月持つんですよ」と話しかけたり、お客さんの雰囲気で探りながら話しかけたりしているうちに「え、そうなん？」と、お客さんの疑問にヒットして表情が変わります。そこで、その部分の話題を広げていきます。

【例3：好奇心のあるお客さん】

「これ試食していい？　あ、こっちも」といろいろな試食をリクエストしたり、商品パッケージの裏を気にしたりするお客さんの場合は、商品情報に対する興味が感じられます。

「青のりの佃煮は、先代の社長がおいしさに惚れ込んで、この味を活かして作るのに苦労したんですよ」と話したり、「この商品は、金沢に自社工場があって、そこで作ってるんですよ」と言ったり、「ほたるいかいしり干しは、能登半島の魚醤いしるを加えたタレに漬け込んで、1枚1枚手で広げて干しているんですよ」といった具合です。

相手の好奇心を満たすことで納得して買ってもらえます。

このように市場では、いろんなパターンの接客があります。

お客さんとの一期一会を大切にし、ぜひお客さんに合ったコミュニケーションをしてみてください！

「自分」をどうやって出していくか

ここまでいろいろと市場のコミュニケーション術、接客方法をお伝えしてきましたが、私自身が最初からすべてできていたわけではありません。むしろ難題だらけでした。

その中でもいちばんの難題が「たい焼きではなく自分を売れ」という父からの注文でした。「お客さんに自分を気に入ってもらったら、売っているものは何であっても売れる」というのが父の理論でした。

これは本当に難題だったと今でも思います。

なぜなら「自分」を売るにはまず自分を知ることから始めなくてはいけません。自分の長所や、自分の活かし方を知らなければ、売り方もわからなかったからです。

そこで当時の私はひらめいたものを実践してはお客さんの反応を見て、「お客さんの反応がよかったときの自分」をいっぱい集めようと考えました。


海道屋の先輩店員さんはみんな個性的で素敵な方ばかりでした。

そこで「売り方が上手だな」と、自分が思う先輩の方法を真似することから始めました。例えば、メイクが濃くて派手で威勢のいい掛け声で、イケイケキャラの先輩がいたので、私もケバい化粧をして、自分を前面に出して売ってみました。

ですが、そもそもの私の性格がイケイケでないので、内面と合っていなくてアンバランスになってしまいました。威勢のいい掛け声をしているつもりでも、そもそも私の声質にはハリがないので声が通らず、むしろぶっきらぼうに、やる気がなさそうに聞こえてしまうことがよくありました。

失敗することがほとんどの中、ときにはうまくいくこともあって、私は毎晩、寝る前にその日の自分がどうだったかを振り返ってみるようになりました。

自分がイケイケでやってもうまくいかない。でも、イケイケの人と一緒に売ると売れる――そういうときの私は、素の自分を出せていた。

そんな感じで「自分のいいところ」探しをしている結果わかったのが、イケイケメインの人のサポートで私が入ると、相乗効果で売上が上がるということでした。

たどりついた私の勝ちパターン接客は「サポートタイプ」

ある年末の繁忙期、押しの強い店員Mさんの手伝いをすることになりました。

Mさんは顔立ちも濃く、化粧が映え、勢いで売るタイプなのに圧をかけずに人懐こい笑顔で押しができます。「お兄さん、これうまいし、買いまっし」と言っても、お客さんは気圧されずに「おぅ、そんなら買うわ」と買ってくれます。

その日も、彼女は自分の勝ちパターンであるイケイケで押して売上を伸ばしていました。

ですが、中にはそういう接客が苦手なお客さんもいます。そういうお客さんは、私のところに流れてくるのに気がつきました。なんとなく彼女から離れて私の方に寄ってくるのです。ゆっくり考えて買いたい人や、店員さんと話をして納得をして買いたい人は、彼女のような接客が苦手なのです。

私が「どれを試食してみたいですか？」と、ゆっくりとした口調で話しかけると、「そうねぇ、これ食べてみたいわ」とお客さんがリクエストをしてくれます。機関銃のようにガンガンと商品説明をしたり、「これ食べて。あとこれも、これも」と矢継ぎ早に渡したりするのではなく、お客さんが何かを言うのを待ち、お客さんの質問に答えながらひとつひとつ商品を渡します。

こうやってMさんとは180度違うアプローチをかけると、おもしろいように商品が売れていくのです。

私は彼女のようにオフェンスでゴールを決めるようなタイプではなく、むしろサポートに回って、バスケットボールで言う、こぼれ球を拾ってゴールする「リバウンドゴール」のようなタイプだと気づけたのです。これが私の自分を売る方法でした。

接客では、お客さんのタイプに合わせて接客をすることもひとつのパターンですが、逆に自分だけの勝ちパターンを作ることも、ひとつの方策です。自分の勝ちパターンに合わないお客さんには、そのお客さんに合う店員が接客することで、店全体の売上げをアップさせることができます。

さらに必勝パターンはひとつである必要はありません。ひとつをマスターしたら、イケイケタイプ、じっくりお客さんの話を聞くタイプ、放置タイプと、自分の必勝パターンを増やしてみてはいかがでしょうか。

自分の「推しじゃない商品」は他の人に売ってもらう

お店の店員として接客をし、何かを販売するとき、基本的にはそのお店にある商品すべてを均等に売ることが必要だと考えられます。商品によって人気・不人気はありますが、それはあくまでもお客さん側の選択であって、店員側がおこなうことではない、ということです。

ですが、必ずしもそううまくはいきません。

実は私がひとつだけ好きになれない商品があります。

それが「うにくらげ」です。ウニを練ってくらげと合わせたもので、酒粕の風味が効いて、甘くコクがあるのが特徴です。ねっとりとしたウニと、コリコリとした食感のくらげの相性も面白く、ご飯に乗せたり、おにぎりの具にしたり、日本酒の肴にしたりと、いろいろな食べ方ができてお客さんからは好評です。

でも！　私はどうしてもこれが苦手なんです。そうなると、不思議と店頭に立ってお客さんに勧めても、全然、売れないんです。「これ、酢飯に合わせて軍艦にすると、おいしいよ」と言ってはみるんですが、きっと私から「あんまりおいしくないんだよな」というオーラが出ているのかもしれません。

一方、海道屋の店員で「焼きのどぐろだし」を売るのが上手な男性がいます。

海道屋には他にも出汁があり、定番でよく売れるのは「鰹ふりだし」なのですが、なぜか彼の場合は「焼きのどぐろだし」の売上がよく、なんと他の人の3倍を売ります。

なぜそんなに売れるのか聞いたところ、「焼きのどぐろだし」のファンであることがわかりました。「この味が好きだから売りたい」と思うと説明のトークも説得力が増し、食べ方のバリエーションなどでも盛り上がるとのこと。

人間、誰でも好き嫌いがあります。いくら自社商品でも苦手なものは苦手。不得意な商品を売っても売れる空気は作れません。自分の「推し」を売るのがいちばんなのです。

そこで私が店頭に立つときは、自分の目の前に置かないようにするか、さりげなく商品から遠いところに立って、「うにくらげ」は別の店員さんに販売をお任せするようにしています。

お客さんに他店の悪口を言ってはいけない

市場特有のコミュニケーションという意味では、他店の悪口というのを聞くことがたまにあります。

市場の人は無邪気なところがあって「向こうのお店のより、うちの方が新鮮だから、うちに来て」とか「あそこに行ったら買わせられるから行かん方がいいよ」みたいなことを、平気で言う店員さんがたまにいるんです。

なぜ、私がそれを知ったかというと、お客さんから「海道屋はおいしくないよって、あそこの店で言われたんだけど、ちょっと興味があるから来てみたんだよねー」と言われたことがあるからです。

それも一度や二度ではないので、その店員さんの鉄板販売トークになっているのかもしれないですね。実際に海道屋を悪く言いたいわけではなく、自店の売上を上げたいがために、目の前のお客さんを逃したくないからだとは思いますが、それでも悪口を言われたこちらとしては、本当にさみしい気分になります。

同業他社やライバル店をほめるとプラスの相乗効果になる

他店の悪口を言うくらいなら私はむしろ、ほめるべきだと思います。

海道屋では粉末出汁を売っていますが、お出汁と言えば茅乃舎さんが有名です。お客さんに出汁の試飲を勧めると「お出汁は茅乃舎さんをいつも使っていておいしいから、いらないよ」と言う方もいます。

そういう場合に「茅乃舎さんのお出汁はおいしいですよね。うちのもおいしいので、ぜひ試しにお味見してくださいよ〜」と、他のお店の味をまず肯定してから自分の店の商品を勧めます。

このように他店をほめると、お客さんも「うちは茅乃舎さんのお出汁をいつも買ってるけど、ここもおいしいね。何から取ってるの？」と聞いてくれたりします。

まさにプラス言葉の相乗効果です。

また「茅乃舎さんの出汁は高いんだよね」と言ってくるお客さんもいます。

実はこういうのがいちばん困ります。「高いですよね」と同意もできないし、「高くないですよ」と否定もできません。

そういうときは「茅乃舎さんのお出汁はおいしいですけど、日常使いとなるとちょっとお値段が張りますよね。贈答用や特別なときには茅乃舎さんで、普段は海道屋で使い分けてもいいかもしれませんね」と言うようにしています。

こんな風に他社・自社どちらの商品も否定せずとも自社の製品をアピールすることは、いくらでも可能です。

商売をやっていく上でライバルや目標となる店の存在は絶対必要です。悪口で蹴落とすのではなく、お互いＷｉｎ－Ｗｉｎな関係でいきたいですね。

「商品の説明」と「うんちくマウント」は別物

お客さんの中には自分が勉強してきた「うんちく」を披露したくてむずむずしている方もいます。

勉強でも趣味でも、人は学びの過程において、知ったことを人に伝えたい時期があると思うんです。日本酒とかワインを趣味で飲み始めた人が、ある程度わかってくると「この酒蔵は」とか「この品種は」とか話したくなるように、私自身にもそういう時期がありました。

店員ともっと深い会話をしたい、あるいは会話自体を楽しみたくて勉強しているお客さんであればいいですが、知識を披露してマウントを取りたいお客さんが来ると、店員によっては、ムキになってマウントを仕返そうとすることがあります。

マウント合戦になってしまえば、その場の空気もとげとげしいものになってしまいます。市場の人間なら誰もが知っていると思ったとしても「へぇ、そうなんですか」「お客さん、すごいですね、よくご存じですね」と、まずは相づちを打ちます。そうすれば、その場の空気も和やかになります。

市場は毎日やっている盛大なお祭り会場

市場には「熱気」と「活気」、店員さんの「いらっしゃいませ」の元気な声や「安いよ～」という威勢のいい掛け声など、まるでお祭りのような世界が広がっています。

店の人が元気で威勢のいい掛け声をしていると、その店の商品も元気でイキイキして見えます。市場を歩いていて、遠くから元気な声が聞えると「何を売っているんだろう?」と見に行きたくなりますし、もしそれが今日の目玉だったとしたら「買ってみようかな」となりますよね。

特に早朝の市場は、熱気と活気があります。

近江町市場の鮮魚通りは、飲食店などご商売をしている人が仕入れに来るので、皆さんちょっとでもいい魚を仕入れようと思って値段交渉をしたり活気があります。早朝ににぎわうのは、なんと言っても鮮魚を扱うお店です。鮮度がモノを言う鮮魚店の活気は、実に気合が入っていて、その迫力に圧倒されます。

午後になるとお客さんは観光客が中心となりますが、午後3時くらいになると鮮魚店では値引きが始まったりして、また違った意味での活気が出てきます。「100円引き」などとマジックで短冊に値段を書き、ポンポンポンと魚を盛ったカゴの上に置いていくのですが、それがまさに「今、値段を下げました」というような臨場感があり、安くなった瞬間から、どんどん人が買っていきます。

そこには独特の接客術や、コミュニケーション術があり、デパートやスーパーマーケットなどの日常では味わえない体験をすることができるのです。

市場のコミュニケーション術、いかがだったでしょうか。ていねいな接客はもちろん大切ですが、祭りの露店のような臨場感とライブ感、そしてそこで働く店員さんとお客さん、みんなで作られる「売れる空気」を醸成するのが、市場のコミュニケーションなのです。

青のり
小600円大1000円

第5章

「市場」の存在意義と可能性

市場は地域創生の最初の一歩

市場の歴史について、私たちがもっともよく印象に残っているものをひとつ挙げるとすると、やはり織田信長の「楽市・楽座」だと思います。

そこで本章では、市場の歴史について振り返りながら、その可能性と未来を考えていきたいと思います。

織田信長は、楽市・楽座という経済政策を打ち立てました。それまでも定期的に人が集まり、売買をする「市」が開かれていましたが、商人が市でモノを売るときは「座」という同業者組合に所属して土地の持ち主に場所代を払わないと、店を出せませんでした。信長は、これを誰でも商売ができるようにしたのです。

楽市・楽座の目的はいくつかありますが、信長が狙ったのは自由に商売をできるようにすることで、その土地を離れた人々が村落へ帰住する効果でした。

尾張の国は戦続きで、人も土地も荒れていました。当然、戦が続くと人は離れていきます。そんな尾張の戦後の復興を意図していたのです。

モノを売る人が増えれば、モノを作る人も必要になってきます。農作物、海産物、職人などの雇用も生まれます。米や野菜、山菜、塩、魚介類などの年貢（税金）も増えて大名も潤う目的もあったでしょう。

結果的に信長の楽市・楽座によって物流の活性化と道路整備がおこなわれ、今まで以上に運行が簡単に、かつ素早くできるようになりました。

市場には人を集め、活性化させる力があります。

金沢でも、駅前広場で不定期に市場が開催され、石川県内の農家さんが農産物を売りに来ています。そこまで規模が大きいわけではありませんが、通行人が集まり賑わいを見せています。

人がいるから市場が賑わうのですが、逆もまた然り。市場があるから人が集まるのです。

商店街などでも、イベントとして「市場」を開いてみるのもいいかもしれません。

楽市・楽座のように出店料を取らず、朝市、夕方市、時間限定、など、アイディア次第です。

最初の参加店は数店舗であったとしても、それが地域再生の最初の一歩につながるのではないでしょうか。

市場は誰もが平和に交流できる中立地帯

日本古代の「市」としてもっとも有名なのが飛鳥時代の海石榴市《つばいち》です。奈良から大阪に流れる大和川を遡った終着点にあり、当時の街道もいくつか交わり、まさに交易の中心地。物々交換が盛んにおこなわれていたそうです。

また、ここでは「歌垣《うたがき》」といって、春や秋、市場や橋の袂《たもと》などに若い男女が集まり、歌を詠んで結婚相手を探すという、さながら婚活パーティーのようなものがおこなわれていました。

万葉集には、この海石榴市を舞台とした歌が詠まれています。

《紫は灰《ほの》さすものそ　海石榴市の　八十《やそ》のちまたに　逢へる子や誰》

「海石榴市で逢ったあなたのお名前は何ですか?」という意味ですが、昔は名前を答えるとお付き合いOKだったそうです。

市場は、世界各国、あらゆる人種の人や男女が交流してきた場所です。まさに平和の象徴と言っても過言ではありません。

皆さんのお店も「交流」をキーワードに、さまざまな人が集まれるような場所にしてみるのはどうでしょうか。市場に人が吸い込まれていくように、きっとあなたのお店にも人々が吸い込まれていくでしょう。

マルシェの起源は孤児院への食糧供給だった

フランスのマルシェは1600年代に修道院に併設されていた孤児院で開催されたものが元祖ともいわれています。当時は慈善活動の一環でもあったのです。

マルシェでは、産みたての卵、採りたての野菜、もぎたての果物、そしてそれらを使った加工品など、すべて生産者が出店して販売しています。また、お菓子やチーズ、ワイン、ハンドメイド雑貨など、ありとあらゆる食品や日用品が、売られています。マルシェは定期的に開催され、人々のライフラインとなり、各地に発展したと言われています。

現在、地産地消が言われていますが、まさにマルシェは地産地消です。新鮮な食材が買えるのはもちろん、食の安全が問われている今、生産者や商品を自分の目で見て確かめることができるので、安心感も得られます。

近年では、日本でも全国各地で産直の「マルシェ」が開催されています。やはり、消費者にとって「作り手」の顔が見えることで安心感が得られますし、作り手にとっては「食べる人」の顔が見え、コミュニケーションも生まれます。

「闇市」は多くの人が生き延びる手段だった

1945年の戦争終結後、焼け野原になった日本のあちこちでは「闇市」が開かれました。実はそれ以前の関東大震災（1923年）後にも、あちこちに露天の闇市があったと言います。

戦争後は、地方の農家から都会へ米や野菜の流通もままならず、企業も生産縮小などで、食料品はもちろんのこと衣類、日用品すべてが慢性的に不足していました。配給される物資だけではとてもではないですが人々は生活できません。終戦翌年には、このままでは1000万人が餓死するのではないかと言われました。

そんな危機的な状況の中で生まれたのが「闇市」でした。

そもそも闇市は、駅前などに人々が集まって物々交換をするところから始まったそうですが、そのうち露店が軒を連ね、東京では新橋、上野、新宿だけでも2000店以上の店が出ていたそうです。

闇市というと、非合法のマイナスイメージがつきまといます。実際、闇取引で捕まる人もいました。

一方で、そういった非合法を嫌う人もいました。

東京で裁判官をしていた山口良忠さんは正義感が強く、闇取引をする被告人を裁く自分が闇市を利用することはできないと、配給と自宅で栽培したわずかな野菜で飢えを凌いでいましたが、結果的に栄養失調で体調を崩し１９４７年に亡くなってしまいました。悲しい話です。

地震、台風、コロナ禍など、天変地異や災害などが多いこのご時世、人々が命をつなぐ場として市場はとても大切な役割を担える存在だと思います。

東日本大震災で多くの帰宅難民が街にあふれたとき、多くの店がトイレを貸し出したり、休憩所として提供したり、水や食べ物などを提供していました。誰もが経験したことのない未曾有の事態に、こうして協力し合うことで、どんなに心強い支えになったことでしょう。

いざというときの助け合いの場所、命をつなげ合う場所としての「市＝マルシェ」

を意識することも、これからの社会で大切なことなのではないかと思います。

フリーマーケットが大流行した90年代

蚤の市、ガラクタ市、泥棒市場など、呼び方はいろいろありましたが、昔から世界各地でフリーマーケットは開催されています。

アメリカでも1970年代にリサイクル運動のひとつとして、自宅で不要になった洋服や家具、雑貨などを庭や倉庫で売るガレッジセールが流行り、今でも定着しています。

90年代には、日本でも休日の過ごし方としてフリマが大流行をしました。

あちこちの公園や商業施設などでフリマが開かれ、人気だった明治公園フリーマーケットは出店ための抽選倍率も高く、なかなか当たらなかったようです。

店番をしながら音楽をかけて、お酒を飲んで、友達を呼んだり、その場で出会った人と、フリマの片づけが終わってから一緒に飲みに行ったりと、イベントとして楽しむ人が多くいました。

不要なものを必要とする人に循環させるのでエコでもあり、もちろん、お宝を探す楽しみがあり、そして、さらに社交の場となって友達の輪が広がり、まさに楽しい休日の過ごし方として若者に受け入れられて爆発的ブームを巻き起こしました。

今ではフリマアプリの『メルカリ』などが登場し、フリーマーケットは路上からインターネット上にその場所を広げて存在しています。

モノだけでなくて人も循環する交流イベント

私の知り合いに飲食店を経営している方がいますが、その方はお店の周年記念といった節目に、地域の大きい敷地を借りてフリーマーケットとマルシェが一体となったようなイベントを開催しています。

出店は、お店のお客さんや友人、お店の仕入れ先関係の方など、内輪限定ですが、出店料は無料です。

そうなると場所を借りるためのお金を回収できないので経営者さんの持ち出しになりますが、それでもイベントがきっかけで横のつながりができたり、それがご縁となって飲食店のお客さんが増えたりと、人の循環が生まれるのが大きいメリットだと話してくれました。

イベント会場を手配するのは大変ですが、皆さんも自分の店の中や駐車場を使ってフリーマーケットやガレッジセールを開催するのも、店を活性化するためにいいかもしれません。

コンテンツが強ければ人が集まる

70年代に小さく始まった同人誌即売会（コミケ）は、今では経済効果180億円とも言われています。

20〜30年前は、アニメやマンガは「オタク文化」と言われ、ネガティブなイメージで捉える人も多かったのです。ですが、ここ最近はひとつの趣味を深く追求する「オタク」はポジティブなものとして捉えられ、「オタ活」「推し活」など一種のブームにもなっています。

例えば、推しの声優さんやアイドル、はたまた二次元アイドルの誕生会を当然ながら本人不在でホテルで祝ったり、オーダーケーキを作ったりして祝うなど、その隠れた経済効果も計り知れません。

どんなにマニアックなものでも、コンテンツが強ければ人は熱狂しますし、むしろマニアックなものほど値段が高くても購入する人がいるのです。

そこで、あなたのお店の商品も「マニアック」という視点から見直してみるのも楽しいかもしれません。

「店主の趣味」を前面に出したり、個人商店という特徴を活かし、マスを対象にした大手チェーン店などでは絶対やらないような演出やラインナップにすることで、ファンであるリピーターが生まれる可能性もあるはずです。

古きものに目を向けてみよう

最近は、流行りのもの、少しでも新しいものと、スマホでもパソコンでも、どんどんバージョンアップされ、最先端を追わないと時代についていけないと感じてしまいます。

ですが、ここはひとつ「古き良きもの」という市場のエッセンスを加えるのもお勧めです。

飲食店であれば、創業時のメニューを復刻しても面白いかもしれません。ついでに値段も創業時のまま……というわけにはいかないかもしれませんが、「先着5名様まで創業時の値段で提供」などとすると、懐かしさを楽しんでくれるコアなファンが集まるかもしれません。

また、昔の看板やロゴデザインを復活させて、お店に飾ったり、ノベルティグッズを作るのもいいと思います。昔のデザインは、文字のフォントなども味があって、案外若い世代にも好評です。

今日からでもできる「笑顔の種まき」

地域の人々への安定した食糧供給という意味では「子ども食堂」があります。無料、もしくは数百円程度で誰もが利用できます。そのおかげで親は安心して働くことができ、子どもに笑顔が戻ってくるという好循環が生まれます。

そういった社会福祉の視点から、お店でもできることがあります。

一例を挙げると、昔ながらのある八百屋さんでは、入荷してしばらくたった野菜は半額などおつとめ品として販売しています。

さらに傷みが進んだものや一部が傷ついて茶色くなった林檎、芽が出かけたじゃがいもなど、自宅では食べたり使ったりするけど、売り物としては廃棄処分になってしまうようなものを、店じまいした後にシャッターの外側に「あと少しの命です、早めにお召し上がりください」と無料お持ち帰りコーナーとして置いてあります。

野菜を廃棄する必要もなくなり、食費を抑えたい人にとっても、双方が助かるサービスです。

子ども食堂や野菜無料などをすることで、サービスを受けた側は感謝の気持ちが生まれ、地域に恩返しをしたいと返報性の法則が生まれます。

それが道に落ちているゴミを拾う、笑顔でお店の人に挨拶をするとしたちょっとしたことであっても、小さな輪が広がっていけば、地域がもっと暮らしやすくなるのではないでしょうか。

あなたのお店から、市場の活気と笑顔の輪の種まきを始めてみませんか？

店内で食べれます
活ほたて
1枚400円
1800円

第6章

市場に見る
ダイバーシティ

市場は「多様性（ダイバーシティ）」と「SDGs」の最先端

市場で働いている人には、転職組がたくさんいます。

銀行員、町役場、学校の教員といった堅い職業だった人や、起業に失敗して挫折してきた人もいます。転職を繰り返し、中には転職歴10回の人もいます。かく言う私も美容師見習い、僧侶、消費者金融社員と、なかなか聞かない経歴です（笑）。

悪く言えば、社会でうまく適合できなかった人たちなのですが、自分がつらい思いをした分、人に優しくできるのでしょう。市場はどんな人でも温かく迎え入れてくれます。

そしてなぜか、失敗や挫折を繰り返して流れ流れて市場にたどりついた人も、辞めることなく長く働けるのも、市場の人々の人情、そして共感力なのかなと思います。

ちょっとした悩みがあったときも、聞いてもらうだけで心が落ち着くような包容力のある人、そんな働き手が市場にはたくさんいます。

市場では、70代80代のおじいちゃんおばあちゃんたちも現役の働き手、八百屋さんや和菓子屋さんの店番をしています。最近はあまり見かけませんが、店の一角にベビーベッドを置いて子守をしながら店番をしている人がいたり、小学生が夏休みに店番を手伝ったりしている風景もよく見られました。

誰もが暮らしやすい世の中にするために、最近は「サスティナブル」「ＳＤＧｓ」「ダイバーシティ」「ＬＧＢＴ」といったキーワードを耳にする機会も増えていると思います。

ＬＧＢＴ（エルジービーティー）とは、性の多様性を認め、偏見や差別をなくそうという活動です。

ＳＤＧｓは、環境破壊が進む中、サスティナブル（持続可能）な未来を目指して国連が掲げる「持続可能な開発のための17の目標」です。重要度や達成率は、国や地域によって違いますが、気候変動や人口増加、環境汚染、食糧不足、エネルギー問題、貧困など、地球規模で発生するさまざまな問題を解消して、持続可能な社会を実現していくことが、私たちに求められているのです。

17の目標には、貧困をなくそう、すべての人に健康と福祉を、ジェンダー平等を実現しよう、働きがいも経済成長も、つくる責任、つかう責任、海の豊かさを守ろう、などなど……改めてSDGsの17の目標を見てみると、市場だけの世界に限って言えば、これらの目標をすべて達成しているのではないかと思うのです。

多様性を受け入れる素地がケタ違い

特に、多様性を認める、という点では、市場で働く人々の多様性は、群を抜いています。

海道屋の社員を見ても、その多様性と、それを受け入れる素地は、ずっと以前から形成されていました。

今考えれば父は多様性を受け入れていた人だったかと思います。

裏社会に身を置いていた人もいました。新店舗の出店を率先して開拓したり、新人さんの教育も徹底して取り組み、父の片腕と言っても過言ではない人で、もれなく私も一人前の販売員になるまで面倒を見てもらいました。
いつも笑顔で接してくれるので私も慕っていましたが、真夏の暑い日でも長袖を着ているのが不思議でした。のちに社長から、半そでを着ることのできない理由を聞いて驚いたこともあります。

元気で親しみやすく販売力もある若い男の従業員がいました。ちょっと強引なところもありましたがとにかく販売力と全国を飛び回るフットワークの軽さで、ひとつのブロックを任されるようになりました。その従業員はおばあちゃん子で、おばあちゃんがいつもお店に買い物に来てくれていました。「やんちゃしてしょっちゅう親を泣かせていた孫が、ちゃんとした会社に入社できて使ってもらえることが嬉しいです」といつも言っていました。

経営していた会社が倒産してしまい、借金を抱えて家族もバラバラになり、途方に暮れていた人もいました。とにかくまじめで一生懸命でした。県外に転勤もして会社に貢献してくれました　会長の死後、この方はもともと抱えていた持病が悪化して退職されましたが、約束の日になっても保険証の返還がなく連絡もつかないので社員が自宅に行ってみると、自宅で倒れていて即入院することに……。頼る身内もいないらしく、私たちでその後の生活ができるようにお手伝いをさせてもらいました。

ちょっと偏屈でなかなか人との距離感が保てない方もいました。私も若かったので、話しづらくて仲よくなれないと感じていましたが、ある食事会で隣同士の席になりました。「俺は偏屈な性格なのは自覚してるんだよね。きっと遺伝だと思うから、俺みたいな偏屈な人を増やしたくないから結婚はしないんだ（子どもを作らないという意味だと思う）」と言われました。「社長（父）には感謝してるんだよね。こんな偏屈な俺を雇ってくれて」と涙されることもありました。

めっちゃ面白い独特の口上でお客さんを楽しませ、販売力のあるおじさんは、下半身に理性（！）がなく、ついに社内の女性と男女の関係になってしまい、社内不倫をしてしまいました。奥さんも実は社内にいました。おじさんは魅力的でモテるので、奥さんはいつ取られるか心配で、それからは……ご想像にお任せします。

そう言えば、父は常に愛人が数人いました。

あるときひとりの女性社員から呼び出しがあり愛人宣言されたこともあります。そうかと思えば会社に愛人がいるって納得できないと、他の社員からクレームをぶつけられることもありました。そもそも私の母親とは離婚していたので、いまさら父が誰と親しくしようとそんなことは興味がなくどうでもよかったのですが、父と社員の調整を取ることも私の仕事なので、解決の落としどころを見つけるのは至難の業でした。

愛人を擁護するわけでもありませんが、父はそういう女性ひとりで生きていかなくてはならない人たちにも活躍する場を与えて、自立して生活できるようにしていたのも事実です。

こんな個性的な人たちがやりがいを持ち、活躍の場を作れていたのは、まさに父の采配によるものだと思います。父は当初から、一人ひとりの違いや個性、抱える背景を考慮し、多様性を認めていたのです。

経営者に必要な人を活かす目

私は父の姿を見てきたので、自然と個性的な人を活かす考えは身についていました。

愛想がよくて人懐こく、通り過ぎる人に声がけが元気にできるのですが、お釣りを間違えてお客さんに迷惑をかけてしまう従業員がいました（対面販売なのでお釣りを暗算します）。販売員として採用後に、計算ができないとわかったその従業員を活かすためにと考え、電卓を首から下げるように工夫しました。後に工場への移動を相談しました。

市場では、計算ができなかったり、漢字が読めなかったり、深い思考が行き届かなかったり……という人も、普通に働いています。

市場では、商売の仕入れのために段ボールやみかん箱などで大量に購入するお客さんも多かったのですが、駐車場の車までお客さんの荷物運びをしたり、店の商品を片づけたり、接客をしたりもしていました。

元ホステスさんが夜の仕事から昼の仕事に転職したくて介護職を経験したけど、腰が悪くなり続けることができなくて、面接に来ました。前職に比べると地味な仕事なので続くのか不安はありましたが、接客業は得意分野なので即戦力になりました。市場の人たちとも関係性をよくしてくれました。

生まれたばかりの小さいお子さんを抱えているため、11社の面接を断られた、というシングルマザーの女性が面接に来たときは、「ご迷惑をかけないのでお願いします」という熱意に負けて採用したところ、仕事も早く、本当に休むことなく一生懸命に働いてくれています。

「性自認」なんて、気にしない

ある新入社員の女性が面接（相談）に来たときも、驚くことはありませんでした。その人は戸籍上の性別と心の中の性別が違う「トランスジェンダー」でした。

市場には女装をした男性や、心が女性で体が男性の人もお客さんとしてもよく来ますが、誰も好奇な目で見るようなことはありません。

私がたい焼きを焼いていたころ、雪が降っても雨が降っても、網タイツに半ズボンのお客さんがいました。その人は女装した方でした。ご商売の買い出しと自分の食事の買い出しで市場を回っていたのですが、八百屋さんも魚屋さんも和菓子屋さんも、みんな笑顔で挨拶して世間話して、誰よりもイキイキとしていました。通りすがりには「頑張ってな」などとプラスワンの言葉を添えることができる方なのです。しばらくして私も仲よくなって挨拶を交わしてもらえるようになりました。

こんな経験があったから、「トランスジェンダー」と聞いたときも驚くことはありませんでした。

海道屋で働くことができたら、制服や話し方などで「本当の自分」を出していきたいと思っている。そんな自分でも会社にいていいか？　社長はそういうのを嫌いか？どう考えているか？　と聞かれました。

ですが私は「それが何？」と驚きもしませんでした。本人は一世一代の大ごとのように言ってきましたが、私は「そんなことは気にすることではない。同じ目標をもって一緒に仕事ができればいいいんです」――そんなことが自然と言えました。

どんな人たちでも働ける環境を用意できる市場に、私は感動すら覚えています。

市場の人は言葉も悪いですし、ちゃんとしているか・していないかで言えば、いい加減な人も多いですが、そのアバウトさがいい意味で「いい加減」となり、どんな人でも受け入れてもらえる温かさがあるのです。

創業者（父）との大ゲンカで気づいたこと

家業を継いだ後継ぎさんには、それなりの苦労があると思います。

実は社長という役職を持つようになってから、会長の父と意見が合わなくなることが多くなりました。父であると同時に創業者という者は、自分の勘と成功体験という裏付けが自信となった、めちゃくちゃわがままな変わり者だと思います。

社長とは言え、娘でもあります。父は張り合ってしまうタイプです。そして私も同時に社長になったからには、何か新しいことをして実績を残したい……という意気込みもあります。ですが現実は自由奔放に思いつくままに行動する父の後ろを、ほうきと塵取りを持ち掃除するのが私の仕事の中心です。

こんな日々を10年ほど過ごして私の我慢が限界に達し、ついに爆発しました。会長である父が新しく手掛けた新店舗の飲食店で大暴れです。父の顔めがけてコップの水をかけてしまいました。すると父からもすかさず水が飛んできて、胸ぐらをつかまれ〝グーパンチ〟も飛んできました。私は椅子や商品を投げつけて大暴れです。

通行人の見物客もあり、おまわりさんも来てしまいましたが、父は「親子喧嘩ですから、何でもありません」と事件にはしませんでした。ここに最後まで追い込まない父の優しさがありますが、このことをきっかけに、その後は父との喧嘩は弁護士を立てて、お互いの言い分は書面で弁護士を通して伝えることになります。

このことから学んだことは、正しいことが正解とは限らないということです。私には小さな正義感があり、きっと正しいことを主張してしまうのです。その正しいごもっともな意見が、動物的な勘と行動力で、何もないところを切り開いて形にしてきた創業者でもある父には、カチンとくるポイントだったのだと思います。

加能ガニ
1ハイ
5500円
加能ガニ
7500円

第7章

売り場作りが楽しくなる7つの裏技

最後の章は市場の売れる仕組み・工夫をご紹介します。言わば市場の「裏技」です。とは言っても、そんなに難しい話ではありません。古くから続く市場が今も人々に愛されているわけですから、その秘密の一端をお伝えします。

「利用者」として海鮮市場を楽しまれた経験のある方もいらっしゃると思いますが、この章を読めば、それがどんな工夫から生まれているのか、わかっていただけるのではないでしょうか。

裏技1 ここだけで体験できる「得した気分」を提供する

市場にはパック詰めされた切り身ではない、海から上がったままの魚があります。今しか獲れないもの、ここでしか買えないもの、新鮮なものなどが並びますが、スーパーではなかなかお目にかかれないような珍魚なども並ぶことがあります。深海魚であったり、なんとサメ（！）が並んでいたり、リュウグウノツカイによく似たサケガシラ、トカゲのような顔をしたエソ、ゴジラの手のような形をした甲殻類カメノテ、巨大なタコがいたり、漁獲量が少ないもの、通好《つう》みでスーパーなどには並ばないようなものなど、盛りだくさんです。

魚丸々1匹を自分で捌ける体験とお値打ち価格

40〜50センチぐらいのメバチマグロが1匹まるごと売られたりもしています。他にも、季節によって変わりますが40〜50センチの魚は並びます。

金沢だったらタラやアンコウも並ぶので、その場で内臓を取って捌いてもらえたりします。八戸の市場ではカレイやヒラメ、三重県や静岡県に行くと伊勢えびが並んでいたりするので、新鮮な伊勢えびを捌いてみたくなります。

ご飯屋さんで食べたら伊勢えびやカニは数万円しますが、市場で購入して、自分で捌けば安くて新鮮でおいしい伊勢えびが食べられます。

このように、「ここでしか買えないもの」をいかにお客さんに提供できるか。そして、いかにお客さんを「得した気分」にさせるか――それがあることで「市場は楽しい！」「また、市場に来たい！」というリピーターを作ることができるのです。

ちょっとしたサービスでも「お得感」は演出できる

私が市場でたい焼きを売っていたときの話です。

お客さんが5人、6人並んでいるときに「今、焼いているやつを5個欲しい」などと言うお客さんがたまにいました。要するに「焼き立てが欲しい」という要望です。

その気持ちはわかるのですが、たい焼きの型は5個で1列になっていて、焼くときには5個単位で10個、15個と焼いていきます。ちょうど切りがよければいいですが、すでに焼いて置いてあるたい焼きをその次のお客さんに売るのも気が引けます。その次の人にも焼き立てを売らないと申しわけないという心理になってしまうんです。


たい焼き屋は、常にお客さんが数人並んでいて回転がいいので、焼いてあるものだとしても、せいぜい15分前ぐらいのものですが、そちらが宙に浮いてしまうことになります。

そんなときに別のお客さんから「そっち（焼いてあるもの）でいいよ」と言ってもらえると、すごく助けられ、嬉しく思いました。

そこで、そういうお客さんには、あんこが飛び出したものや、形が小さいといった不作品を「申しわけありません、1個入れておきますね」とサービスをしていました。

気遣いをしてくれたことへのお礼の気持ちです。

値引きをすることだけが、お客さんにお得感を与える方法ではありません。

売り手が損をしない「サービス」を積極的におこない、Win─Winの商売を心がけましょう！

「得した気分」は、モノだけではない

ただ、この本を手にしているあなたのお店は、市場のように「ここだけにしかない商品」を扱っているお店ではないかもしれません。

それでも、あなたのお店でも「ここだけしかない」得した気分を作ることは可能です。

例えば今の時代、ネットでありとあらゆるものが買えますが、それでもデパートやリアル店舗で買い物をしたいという人が後を絶たないのはなぜでしょう？

その秘密は「接客」にあると私は思います。

接客されるからお得な気分になる、ということです。

デパコス（デパートコスメ）はその最たるもので、美容部員さんに肌質のアドバイスをしてもらったり、テスターで試させてもらったり、上手にメイクするコツを教えてもらったりと、ネットでポチッとするだけでは得られない多くの「お得」があります。

だから同じ金額を出すのであれば、ネットでなくてデパートで買いたいという人が多いのです。


市場も同じで、試食をしたり、レシピのアドバイス、保存方法やどこで獲れたかのミニ情報など、店員さんとコミュニケーションをして商品だけでないさまざまな知識も得られるので「お得」な気分になるわけです。

会話をするのは店員とだけではありません。お客さん同士でも会話をしたりします。

例えば市場では、隣のお客さんがイワシを買ったら「そのイワシ、どうやって食べるの?」「うちは、梅と生姜で煮てね……」と、お客さん同士でレシピ交換をすることもあります。

そして、それを聞いた店員は今度、別のお客さんが来たときに「このイワシを梅と生姜で煮るとおいしいですよ」と、またレシピを広げていきます。

最近、テレビのバラエティ番組で地元漁師さんや農家さんの、その土地に伝わる地元の味を作って芸能人が食べて紹介をしていたりしますが、まさに、そんな秘伝のレシピが市場で飛び交っているのです。

あなたのお店にお客さんが来たら、ぜひお客さんが「得をした気分」になれる接客を心がけてみることをお勧めします。

裏技2 「値段交渉」と「サービス」で客の心を引きつける

「おっちゃん、これ勉強してや」

「しゃあないなぁ、ほんなら端数だけ切っとくわ」

関西に行くと、市場でなくても商店街でも、お客さんと店主の間でこのような会話が繰り広げられるのを耳にすることができます。

「勉強」というのは「値引き」という意味ですが、これは江戸時代から使われているやり取りのようです。

このような値引き文化は最近ではあまり見られません。

ですが、私が市場へ来るお客さんを見ていると、「価格交渉をしてみたい」という心理がある方が多いように感じます。

テレビの旅行番組などでも、市場で価格交渉をしているシーンが放映されたりしますので、価格交渉は非日常である旅の醍醐味のひとつとして、やってみたいというのが心情かもしれません。

値段交渉の主導権は売り手側が持つのが鉄則

どのお店でも「お勉強枠」というものがあると思います。

商品のひとつあたりの単価や仕入れ値など店によって違いますが、ここまでなら負けてもいいという値段（＝お勉強枠）があります。ですから、基本的に値引きの主導権はお店側が持っているわけです。


お客さんの中には「絶対に値段交渉に勝とう」「1円でも安く買おう」と、気合いの入った人もいますが、お店側としても、さすがに1個の商品を買うだけで値段を安くすることはできません。

そういった場合は「5個買ってくれたら○円引きますよ」とか、「10個買ってくれるなら、1個おまけにつけますよ」というように、こちらが誘導するのです。

冒頭の会話の「端数だけ切っとくわ」というのも、店主側が値引きの上限を決め、主導権を持って発しているセリフです。

値段交渉にはお作法があります。

お客さんは、値段交渉を楽しみたいのが目的であって、「ゲームとして」安く買いたいだけです。こちらも商品が数多く売れた方が在庫をさばけますから、お互いに落としどころを探りながら、最終的にはお店が損をしない値段で交渉をするようにしましょう。

お客さんは、最初に自分が言った値段まで負けなかったとしても「交渉」というアトラクションを楽しめたことに満足をして、またお店に足を運んでくれます。

裏技3　楽しさのシェアをする売り方がある

　まだ旅行に特別感があったころは、お土産を買って帰る文化がありました。近所の人や職場の人、友人、あの人この人……、同じ商品をたくさん買って配っていました。現代のようにインターネットやＳＮＳが発達していなかったので、旅の写真を見ながらお土産話を聞くのが、見聞を広げる貴重な体験でした。

　しかし、平成、令和を経て、現地の写真や情報がＳＮＳでいくらでも手に入り、近所の人付き合いも疎遠になった今、だんだんとお土産を買う風習はなくなっていきました。

　出張者のお土産配布を原則禁止にしている会社もあります。

　けれど、コロナ禍を経て、やはり人と人とのつながり、対面でのコミュニケーションのよさに気づく人が増えている気がします。

　そのコミュニケーションのきっかけ作りとして、お土産は最適ではないでしょうか？「同じ釜の飯を食う」ではないですが、食べ物をシェアすることで、人と人との距離を縮めることができます。

市場では、新鮮なものや珍しいもの、その土地ならではのものが安く手に入ります。そして、周囲の人におすそ分けをすることで、幸せの共有ができます。

お土産を買うことで、そんな他者に貢献する喜びや幸せを得ることができます（余談ですが、私も最近では30代の方たちと待ち合わせをすると、お土産を準備していていただくことが増えました）。

そこで「まとめ買いプラン」や、「得々セット」「ちょっとずつセット」のように、お土産やおすそ分けを前提とした商品を用意し、店側がお客さんのコミュニケーションを提供するのもひとつの手だと思います。

第1章で書きましたが、海道屋の売れ筋商品に「珍味ちょっとづつセット」がありますす。ほたるいか姿漬、巻貝キムチ、いか黒造り、たこわさび、甘えび塩辛、柚子糀塩辛など海道屋の人気商品10品を、ちょっとずつ詰め合わせたものです。

おすそ分けしたものが「おいしいね」と喜んでもらえれば、おすそ分けした人数分の宣伝になります。また機会があれば買いに行こうと、リピーターにもなってくれるのです。

市場では隣の店ともセット販売する!?

市場では、遠方から来られる常連さんの場合に「お取り寄せしたい」と依頼を受けることがあります。そして、なんと「隣の店の〇〇も一緒に送って」というお客さんのリクエストにも応えてしまうのです。

海道屋は、お出汁、珍味、のりの佃煮を売っていますが、からすみはありません。そこでお客さんに「あそこの店のからすみも入れてよ」と言われると、その店に行って商品を買って、一緒に入れて送ってあげます。

反対に、例えば魚屋さんに干物や活魚の注文が入ったときに「海道屋の塩辛と佃煮を入れて」とリクエストがあって一緒に送ったこともあります。インターネット通販では不可能なサービスです。

このサービスはいつもたくさん買ってくれる常連さんだからこそですが、商店街などでは自分の店の商品だけでなく、近隣の店と一緒に、まとめ買い用のセット販売を用意するのも面白いかもしれません。

裏技4 ブラブラ歩いて楽しんでもらう

市場では缶ビールを片手に、ある魚屋さんの店頭では生牡蠣を食べ、別の魚屋さんの店頭ではホタテの浜焼きを食べ、果物屋さんのカットフルーツを食べながら食べ歩きをすることができます。これが市場の大きな魅力です。

そこでひとつ、ご提案したいのは、自分の店だけで売上を伸ばそうとするのではなく、商店街や地域全体を市場のように活性化させて、売上を伸ばすという考え方です。

周囲の店と一緒にみんなで売上を上げる考え方

金沢に北陸新幹線が開通した前後に、近江町市場の周辺にも飲食店がいくつも開店しましたが、裏通りなどに路面店を出しても、観光客の方に認知されるまでは、なかなか時間がかかりました。

一方、市場の中に新しい店がオープンした場合は、もともと人通りがあるので、開店初日からお客さんが入ります。

裏通りの店や、中心部から離れたところにある路面店に集客するには、どうすればいいか？　例えば、スタンプラリーをするのもひとつのアイデアではないでしょうか。

飲食店なら、それぞれ、ちょこっとずつ注文できるようなメニューを考えます。スタートは酒屋で地元の地酒を購入し、2軒目は和食を堪能、3軒目はイタリアンでスイーツ、4軒目はウイスキーバーのように、1皿、1品ずつ注文をしてスタンプを集める方法です。

コンプリートした場合は、次回10％割引や、ビール1杯無料券をつけたりするのはいかかでしょう。

市場では小さな店が密集し、お互いに活性化し合いながら盛り上げていますす。そこで、商店街や街全体でコミュニティを作り、みんなで盛り上げていくのです。そう、まさに市場のような空気を、商店街や街全体で作れるようにイベントを企画するというわけです。

スタンプラリーを開催すれば、お客さんは当然、参加する店をマッピングすることになります。これで目抜き通りから離れたわかりづらい場所にある店は、なかなかみんなに知ってもらえないという悩みも解決できます。

このように顧客単価を上げるのではなく、単価はそのままで、より多くのお客さんに来てもらえるようにするのが、コンプリートしたくなる心理学「ディドロ効果」を利用したスタンプラリー方式なのです。

裏技5 「目玉商品」を作る

金沢港に、競りをする卸売市場があります。そして、その市場のすぐ横に船員たちや競りに来る人が朝食や昼食を食べにくる厚生食堂があります。

以前は市場の人や地元のサラリーマン客が中心でした。水揚げされたばかりの魚を使った刺身定食や海鮮丼、魚のフライなどが目玉メニューの人気の食堂で、ボリュームもあっておいしいので地元の人に愛されていました。私も大好きなお店です。

ところが最近、街の中心部からは少し離れているのにもかかわらず、観光客の方が増えてきました。厚生食堂は漁師組合が運営しているため中間コストがなく「安い・うまい」が実現できるのです。コスパよくお腹いっぱいになるのもありますが、地元住民しか知らないような穴場でもあるのでお得感もあり、旅の満足度も数倍上がります。

仕入れルートの見直しで目玉商品を作る

目玉商品を作るために、仕入れルートを見直してみることは大切です。

例えば、スーパーマーケットでも最近は産直コーナーが増えて、野菜などを農家さんから直接仕入れ、新鮮で安い値段で販売をしています。

飲食店と直接取引をしている生産者もあります。サイズや形などが規定外で市場には出せないものを安く譲ってもらうのもよいでしょう。

魚に関しても、市場には出回らない未利用魚を直接漁師から購入できる通販サイトや、専門サイトなども出てきています。

仕入れルートの見直しは食材だけではありません。

最近はカフェで雑貨を売っている店もありますが、その雑貨はカフェの近所に住んでいるハンドメイド作家の作品を委託販売していたりするケースもあります。

ある意味で雑貨の産直です（笑）。

そこでハンドメイド作家の方に声をかけ、店頭で受注販売会などをしてもいいでしょう。あなたの店も作家も、仕入れたり先に作品をストックしておいたりする必要はないので、金銭的な大幅な赤字が発生することはありません。

普段、ネットでしか販売していないハンドメイド作家も実際にお客さんと対面して受注できるのは、生の声を聞ける絶好の機会なのでメリットがあります。

目玉商品はアイディア次第で作れるものだと思います。

特産品を作って盛り上げる

同じく、特産品を作って広く知れ渡れば、より遠方から集客がしやすくなります。

例えば、地元の特産品を使ったメニューや、ご当地メニューなどを期間限定で提供するといったことです。

栃木県宇都宮市は「餃子の街」として全国で有名です。

もともと、寒暖差の激しい宇都宮にて安くて栄養のある餃子はスタミナ源として愛されてきました。そこにテレビ番組『おまかせ！　山田商会』の町おこし企画で「餃子像」を設置したことで全国区の知名度になったのです。

さらに宇都宮は「カクテルの街」として「宇都宮カクテルカーニバル」も2008年より開催しています。

テレビの取材は13回以上は受けています。

また、最近有名になったのが「いばらきガパオ」です。茨城県が開催したコンテストでグランプリに選ばれた新・名物料理で、全国1位の生産量を誇るレンコンの他、茨城県産の素材を使用し、日本風にアレンジした一品です。

他にも淡路島では、淡路島の新鮮な玉ねぎなどを使ったハンバーガーで島を盛り上げています。ハンバーガーを売る店は、それこそ星の数ほどありますが、「淡路バーガー」と名前をつけることで、観光客にとってはひとつの大きな目的となります。

特産品らしいネーミングやロゴなども工夫してはどうでしょう。

裏技6 ふれあいとぬくもりで客との距離を縮める

第3章で市場の接客用語の話をしました。

一般の接客用語に比べると距離が近いというか、悪い言い方をすると「馴れ馴れしさ」があると思います。ですが市場では基本的に、初対面のお客さんでも良くも悪くも「馴れ馴れしい接客」をします。

私が海道屋を手伝うようになっていちばん驚いたのは、市場ではお客さんの手に直接触れることが多いことです。

試食した後の手を拭いてあげる意味

市場で試食をする際、今では珍しくなりましたが、例えば塩辛であればそれをお客さんの手の甲に直接乗せてそのまま食べてもらいます。

まるでプロの料理人が味見をするときのような臨場感とカッコよさがあります。

コロナ禍によって今では直接お客さんに触れることは禁止になりましたが、コロナ禍前に珍味を販売していたときは、お客さんの手の甲に箸で試食の塩辛や珍味を乗せ、すると手の甲が汚れるので、店員がお客さんの手を取って手拭きで拭いてあげていました。

しかも大抵の場合、試食は1品ではなく5~6品してもらうので、そのたびに手を取って拭いていたのです。

これは単にサービスだけでなく、他にも意味がありました。手が触れることで、こちらのぬくもりが伝わり、お客さんも店員に親しみを感じてくれて、心の距離が近くなるのです。

コロナ禍以降、一時期は試食を中止していましたし、試食再開後の今もトレイを使って小さい試食用の皿をたくさん並べて食べてもらっています。感染症対策として非接触の方が安心されるお客さんも多いでしょうが、販売側からすると手を取って拭いていた接客をしていたときに比べて、明らかにお客さんの反応も悪く、よそよそしさを感じるようになっています。

マスクもしているため、お客さんの表情が見えず反応がよくわからないという部分もありますが、改めて実際に手を触れることが、心を開くことにつながると、つくづくコロナ禍を経て感じました。

試食で手を拭くのは契約のときの握手と同じ

海外では商談をするときに、握手で始まり握手で終わるのが一般的だそうです。

日本でも経営者や営業マンなど、挨拶のときに握手を求めてきたり、商談が決まったあとに「よろしくお願いします！」と握手をする人は少なくないでしょう。
握手をすることで親近感が生まれたり、逆に握手をする側も簡単には相手を裏切れなくなるのではないかと思います。

試食を乗せた手を左手で軽く下から支え、右手でおしぼりを持って上からぬぐうというのも、言うなれば握手と同じ。1回ごとにお客さんに対して「私は、あなたを騙したりしませんよ」という信頼の証なのではないかなと思っています。

商品が間にあるだけで、初対面の人とも仲良く話せるのが自分でも不思議です。

ボディコミュニケーションが心を開くカギになる

手に触れるようなボディコミュニケーションは、相手の心の扉を開くカギになります。そしてそのカギによっては、ときには財布の紐さえも緩めて、大きな金額の商品を購入してもらうこともあります。

海道屋では1匹数千円から数万円となるカニを販売することもあります。そんなときは大きな商談の気分です。

そういうときはより一層、お客さんとの信頼関係を築くことが大切になります。

カニを対面販売するときは、お客さんと向かい合わせの位置で交渉はしません。

実は正面に立つ「位置取り」は、指示・命令や真剣な話をする場面で用いられることが多いため、相手に緊張や圧迫感を与えてしまうことがあるからです。

それよりもお客さんの横や一歩後ろに立って、後ろから腕を軽くつつくのです。

そして「お兄さん、いいがいね（いいじゃない）、これぐらいで決めときまし（このカニでこの金額が、あなたが求めているものとぴったりなので、これぐらいで決めておけば）」と言ったりします。

ちなみに横の位置取りは敵対心が生まれにくく、親密度が増すそうです。ぜひ取り入れてみてください。そうやってお客さんとの距離を縮めると、お客さんが納得するまでの時間も短くなるような気がします。

「心の距離」を縮める適度な距離感

あなたは、いつも行きたくなるお店がありませんか？　小料理屋、焼き鳥屋、喫茶店……。どうしてあなたが通うようになったか考えてみてください。

小料理屋さんには聞き上手のママがいて、いつも行く焼き鳥屋には話し上手の大将がいて、喫茶店にはハンドドリップのコーヒーと何も言わずに何時間もこちらを放っておいてくれるマスター……よく通う店は、あなたの心の居場所を提供してくれてはいませんか？

生鮮食品や日用品を売っている市場も、実はモノを買うだけの場所ではなく、店員さんとの楽しい会話で「心の距離」を縮めています。

市場の店員さんと仲良くなると、良くも悪くも何でも知っています（笑）。

「あの店のだれちゃんがどうした」「いつも来るあのお客さんに、お孫さんが生まれた」とか、日曜日に何をしているのかも知っています。

しかし、いくら市場の店員さんと仲がよくなっても友達というわけではありません。それは「大人の距離感」です。

会う場所が市場と限定されていて、友達のように長時間一緒にいるわけではないので、お互いのプライベートに踏み込むわけではありません。だけど、毎日のように顔を合わせて「今日も元気だな」と、お互いの存在を確認して安心するには十分な関係性です。

そんな、程よい距離感の心の居場所を作りたいときに、市場は絶好の場所になるのでしょう。

買い物のときにする「この間、腰が痛いって言っていたのは治った？」程度の一言二言の会話でも、自分を気にかけてくれる人がここにいると感じ、心が温かくなれるのです。

自虐ネタは心理的ハードルを下げる裏技

さらに親近感持たせるために、市場では、まるでお笑いライブのように「笑い」を取ってモノを売る店員もいます。

ノリのよいお客さんになると、「ヤダ〜！ ハハハハハハッ！」と笑いながら店員の肩を叩いたりしてもボディコミュニケーションが成立します。

年配の男性店員などは「借金ばかりで、これが売れないと今月ちょっと、飯食えねえよ」と泣き落としをしたり、「おっちゃんも、奥さんに逃げられちゃったから大変なんだよ」といった自虐ネタなどで、心理的ハードルをグッと下げたり。お客さんに「じゃあ、買うか」という買うための〝言いわけ〟を与えたりしています。

お客さんの中には欲しいと思っていても買うのに抵抗がある人もいて、そういう人にこちらが言いわけを渡すことで、〝売り手側のせい〟にして買ってくれることもあるのです。

このようにしてお客さんと店員の距離が縮まっていくと、「あの店員さん元気にしているかな？」「奥さん、帰ってきたかな？」と、なんとなく気になって、定期的に顔を出してくれるお客さんも出てきます。

あなたも、お客さんとの距離を縮めるボディコミュニケーションと自虐ネタを上手に操って、リピーターを増やしてみてくださいね。

裏技7 「売れません」と断るおせっかい魂

私たち市場の人間は、お客さんにモノを売るのが仕事ですが、ときには「売れません」と販売を断ることもあります。

別にお客さんが気に入らなかったわけではありません。

例えば、暑い夏に生モノなどの食品を売る場合、いくら保冷剤を入れたとしても限度があります。これから海に遊びに行くお客さんが買おうとしたときは、売るのを断ってしまうんです。

おせっかいかもしれませんが、食べ物を扱う商売をしている者の矜持として、もしも食べたときに万が一のことがあっては申しわけが立たないからです。

「この後の予定」は会話の中から聞き出す

和歌山県にあるとれとれ市場の周辺には、有名なアドベンチャーワールドや、真っ白な遠浅の浜が美しい白良浜海水浴場、万葉時代からの歴史がある岩づくりの露天風呂「崎の湯」などの観光スポットがたくさんあります。観光のついでに立ち寄ってくれるお客さんが大多数です。

そこで、おせっかいなのは重々承知の上で、お客さんにはこれからの予定を聞くようにしています。

「これから海に遊びに行く」という人には販売NG。「海で遊んでから、おうちに帰る前に寄ってね～」と、その場でお売りすることはありません。

帰りに寄ってくれる方もいますが、その方の旅のスケジュールもあるでしょうから、そのままになってしまう場合もあります。それでも、せっかく買ってもらったのに帰りの車の中で品物の状態が悪くなってしまったら、申しわけないからです。

保冷袋やクーラーボックスをチェックする

もし、これから海に行くお客さんが「それでも買いたい」と言った場合は、塩辛のような要冷蔵品ではなく、海苔のように常温でも持ち歩きできる商品をお勧めします。

また、「これから帰るのでお土産に」と寄ってくれるお客さんにも、クーラーボックスの有無は必ず尋ねるようにしています。

モノを売る商売をしている人間は、商品を売ったらおしまいではありません。商品をお客さんが食べて、おいしいと喜んでいただき、そしてリピーターとなっていただくまでが「物を売る」ことなのではないかなと思います。

市場は朝4時でも「売ります」の精神

ここまでは「売れません」のお話をしましたが、その反対に実は、市場ではいつでも「売れます」の精神があります。

20年ぐらい前になりますが、年末の繁忙期は、朝の5時ごろから市場に仕込みに行っていました。あるとき、私が担当のたい焼きの粉がなくなってしまい、父に言うと「市場の業者さんのところに買いに行け」と言われました。

さすがに朝の5時から開いていないだろうと思ったら「あそこの社長は朝の4時から会社にいるから、なんとかしてくれる」と言うのです。「ほんとかいね」と言われるままに行くと、本当に社長がいて、エアロバイクを漕いでいたのです！

「おお、なんだ」と顔を出してくれ、「たい焼きの粉が欲しいんです」と言うと「おう」と売ってくれました。


福井県敦賀にある日本海さかな街は夏、海水浴シーズン時は、市場でバーベキューの食材を調達してから行くお客さんが多いため、いつもより早くオープンしたりしています。

また、八食センターも地元のお祭りや帰省客で賑わう時期は営業時間の延長をします。

お客さんの便利を第一に考えた営業が「また行きたい」を生むコツなのだと思います。

今日も矜持を持ってに店頭に立っています。

コラム

仕事は段取りが9割

父の口癖の中に「仕事は段取りが9割だ」というのがありました。仕事はいかに段取りが大事かということです。「段取りさえちゃんとしておけば、あとは遊びと同じや」と言うのです。

父の言葉を借りると、たい焼きを焼いてお客さんにお渡しするのは、遊び。それまでの卵、山芋、たい焼きの粉、プロパンガスなど完璧に準備する方が大事だといわれていました。

ある年末にたい焼き屋に行列ができてしまい、予想以上の売れ行きで準備したたい焼粉がなくなりそうになると、隣で父が山芋をすりおろし、卵を割って準備してくれました。

こうして海道屋では、〝売り切れごめん〟はありません。だからこそ、今日は完売したね！　という完売した達成感は、味わったことはないかもしれません。もし売る商品がなくなるということが起きれば、「段取りが悪い！」と父は大騒ぎです。

繁忙期には多めに商材を準備しておくのがお約束です。

催事に出店するときも、いか焼き、蒸し牡蠣などその時々で準備しますが、予想以上に売れて売るものがなくなるかも……と心配していると、父はどこからか商材を調達してきます。突然きゅうりの塩もみを店頭に並べ始めたときもあります。

「自分たちの店を楽しみに来てくれるお客さんに悪いだろう、俺たちはずっと店にいて飽きるかもしれないけど、お客さんは初めて店に来るのだから可哀そう（失礼）じゃないか」

――なぜ予想以上の商材を準備しておくのが大事なのかを知りました。

あとがき　日本の市場文化を次世代へ繋ぎたい

最後まで読んでくださり、ありがとうございました。

20年前、30年前は生活の場であった市場ですが、最近は観光地化して、市場という「アトラクション」になっていると感じています。

それがいいか悪いかは別として、やはり私は日本の昔ながらの文化、日本人のおもてなしの心、思いやり、日本の習慣といったことを、市場を通じて残していきたいと思っています。

市場はその土地の人の文化が見えます。

市場は自分でアイデアを出し、それを形にして自分の思いを伝えることができます。商品も、自分の目利きで仕入れ、自分が値段をつけます。

それがお客さんに瞬時に判断されるので、厳しい現実もありますが、逆にお客さんから学んで成長できる場でもあります。

歴史であったり、生活習慣であったり、そういったものが盛り込まれている市場が、この先もずっと残ってほしいと思うのです。

2020年1月からコロナ禍が始まり、多数の人が来る場所である市場では「コロナとはなんぞや⁉」みたいな恐怖心が広がりました。

それでも、市場の人は「生きていくしかないから、やるしかない」と、だんだんと店を開けていった根性はすごいなと、改めて市場の人の精神力の強さを感じました。

さらにコロナ禍で「エッセンシャルワーカー」という言葉が注目されるようになりました。

エッセンシャルワーカーとは、広い意味では社会インフラ維持に欠かせない仕事に従事する人のことで、医療や介護従事者以外にも、消防士、警察官、スーパーやコンビニ、ドラッグストアの店員や、交通機関の運転手や、郵便配達員なども含まれます。

それならば、市場を支えていることも「衣食住」の「食」を支える「エッセンシャルワーカー」だと言えます。

船の鉄底板1枚に命を預けて魚を獲ってくれる漁師さん、そしてその命がけで獲ってきた魚も、規格外で海に返したりして、すべての魚が競りに並ぶわけではありません。

夜中の1時2時に起きて競りで魚を仕入れる仲卸さん、暗い中トラックを運転して店頭まで運んでくれるドライバーさん。そして、大きな魚をおろして加工する人など、私たちが食卓で魚を食べる前に、いろんな人の手を煩わせています。

彼らのような裏方さんがいるからこそ、私たちは安心・安全な食生活を送ることができ、健康で元気に日々を過ごせるのです。

裏方さんがいるからこそ、恩恵を受けられるし、表には出てこないエッセンシャルワーカーの人々の存在に感謝しないといけないと、私は常に思っています。

市場は、たとえ小さいコミュニティだったとしても、人のエネルギーがあります。いろいろな考え方の持ち主や堅苦しい型にはまるのが苦手な人、強い個性や豊かな個性の持ち主、人生経験の豊かな人……。多種多様な人たちが集まる人種のるつぼの市場は、自分と人との違いを認め合い、お互いを尊重し合い、ともに商いを通して助け合って生きている場です。

多種多様な人が集まり、お互いの個性を認め合うことが日常におこなわれている市場だからこそ、お客さんとして市場に行ったときも懐かしさや温かさ、初めてでも受け入れてもらっている感覚、魅力を感じてしまうのではないでしょうか?

これこそ、ダイバーシティなのだと思います。

そして私は、ダイバーシティである市場で働く人たちによって育てられて、今があるのだと思います。

社会生活で大切な挨拶の仕方から始まり、人間関係を築いていく上で大切なことはすべて市場で教えてもらいました。だから私を育ててくれた市場には感謝しています。

育てていただいたご恩をお返ししたいからこそ、多種多様な人たちが集まる市場から地方創生を実現したいと考えています。


私が小学校4年生の夏の暑い日。入院をしているばあちゃんのお見舞いに行きました。共働きで忙しい両親に代わって私たちの面倒を見てくれていたのが、ばあちゃんでした。

私たちの顔を見て喜んだばあちゃんはベッド横の引き出しからプリンを取り出して「食べな」と何度も何度も言って差し出してくれました。

でも、引き出しに入っていた温《ぬる》いプリンを食べることができずに私は返してしまいました。そのときのばあちゃんのとってもさびしそうな顔を、今でもはっきり覚えています。

農家で自由になるお金が少なく、お小遣いもなかったばあちゃんが私たちのために買っておいてくれたプリンだったということを、数年後に知りました。

そんなばあちゃんの唯一の楽しみは、じいちゃんの運転する自転車の後ろに乗って月に一度の病院へ行った帰りに買う「すじこ」でした。

いつも畑で採れた野菜が中心の食卓に「すじこ」が乗る日はみんなが笑顔で、「これおいしいね！」と、食卓を囲む家族の会話も弾みました。ばあちゃんも「おいしい、おいしい」とご飯が進んでいました。

私は家族みんなが笑顔で笑い声のある時間が、ずっと続くといいなと思っていました。家族と過ごす食事の時間が楽しいと、なんとなく自分に自信が持てて、安心感とキラキラした楽しい気持ちでスキップして学校に行けたからです。

私が伝えていきたいものは、このときの気持ちです。

キラキラした楽しい気持ちでスキップしながら学校へ行ったときの気持ち。思い出すだけで幸せになれる温かい体験。今、市場でそれを伝えているのは、直接お客様と言葉を交わしているパートさん、社員の皆さんです。
私は海道屋としてばあちゃんの好きだった「すじこ」などの海産物を通して、家族みんなが健康で、笑顔と笑い声があふれる食卓が家族の平和と絆を深める、そんな世の中を創りあげていきたいのです。

海道物産代表取締役　野地かず枝

海産珍味
海道屋
珍味
海道
たこわさび
甘えび塩辛
いか明太
いか黒造り
真いかの塩辛
どうぞ食べてみて
味見ができます
青のり
数の子松前
しその実くらげ
チャンジャ
いか明太
柚子ほたて
甘えび塩辛
いか浜造
真いか塩辛
青のり

野地　かず枝 (のぢ・かずえ)

福島県出身　海道物産株式会社社長

高校卒業後、美容師見習いをしながら美容師専門学校へ通うが、学費が続かず退学。20 歳の頃、埼玉のお寺に住み込み、僧侶見習いをするが、お寺が廃業。スナックでアルバイト、消費者金融のパート社員を経て、29歳のときに音信不通だった父親から突然の連絡を受け、父が金沢で起こした会社（海道物産）に入社する。

現場の先輩たちに罵倒され、男性と同様の肉体労働をこなし、寝る間もないほど働く下積み時代を 20 年間経験する。その間、雑多な『市場』という場所で、『売れる法則』があることを見出す。売り場づくりの研究のため、全国の生鮮市場に足を運び、リサーチをおこなう。

2012年、『2代目社長』に就任。年商5億円から、最盛期は 13 億円の企業に育てる。

水産加工品の製造・販売をおこなう直営店『海道屋』を7県 16 店舗展開中。これまで 13 回以上のテレビ取材を受けている。

『海道物産』石川県金沢市
http://www.kaidoubussan.co.jp/

なぜかサイフが開《ひら》く！

市場《いちば》の魔法《まほう》

2023年7月26日　初版第1刷

著　者／野地《のぢ》かず枝《え》
発行人／松崎義行
発　行／みらいパブリッシング
〒166-0003 東京都杉並区高円寺南4-26-12 福丸ビル6F
TEL 03-5913-8611　FAX 03-5913-8011
https://miraipub.jp　E-mail: info@miraipub.jp
企画協力／（株）ハートランド
編　集／小根山友紀子
ブックデザイン／池田麻理子
発　売／星雲社（共同出版社・流通責任出版社）
〒112-0005 東京都文京区水道1-3-30
TEL 03-3868-3275　FAX 03-3868-6588
印刷・製本／株式会社上野印刷所

ISBN978-4-434-32400-0 C0034